道场管理

人是可以被环境激活的

孙波/著

中华工商联合出版社

图书在版编目（CIP）数据

　　道场管理：人是可以被环境激活的 / 孙波著 . —— 北京：中华工商联合出版社，
2017.11（2024.2重印）

　　ISBN 978-7-5158-2131-3

　　Ⅰ . ①道… 　Ⅱ . ①孙… 　Ⅲ . ①企业管理 　Ⅳ . ① F272

中国版本图书馆 CIP 数据核字（2017）第 260070 号

道场管理：人是可以被环境激活的

作　　者：孙　波

责任编辑：于建廷　王　欢

营销企划：王　静　万春生

封面设计：周　源

责任印制：迈致红

出版发行：中华工商联合出版社有限责任公司

印　　刷：三河市同力彩印有限公司

版　　次：2018 年 1 月第 1 版

印　　次：2024 年 2 月第 2 次印刷

开　　本：880mm × 1230mm　1/32

字　　数：120 千字

印　　张：6.125

书　　号：ISBN 978-7-5158-2131-3

定　　价：69.00 元

服务热线：010-58301130

销售热线：010-58302813

地址邮编：北京市西城区西环广场 A 座
　　　　　19-20 层，100044

Http：//www.chgslcbs.cn

E-mail：cicap1202@sina.com（营销中心）

E-mail：y9001@163.com（第七编辑室）

工商联版图书

凡本社图书出现印装质量问题，
请与印务部联系。

联系电话：010-58302915

对于中国人来说，"道场"这个词，既熟悉又陌生。曾经学过佛、参过道，或者说对中国传统文化有所了解的人，对"道场"也许不会陌生，但这个词又很不好解释。我曾经和朋友说过我正在写一本书叫《道场管理》，朋友通常会问：是"签到"的"到"吗？之后我开始和他解释。在解释的过程中，我发现道场这个词用一两句话很难解释通。但只要是和他们聊起五台山，聊起峨眉山，聊起普陀山，他们就会马上明白我写的书的意思，他们非常高兴，我开始学佛论道了，有些皈依的居士，还告诉我，我的书名本身就功德无量，我真的不知道该说什么好。

首先，这本书和学佛一点关系都没有，这是一部管理图书。其次，这本书应该是给企业的管理者，或者是想成为一个企业管理的变革者看的。那道场是什么呢？

我们的确可以从佛教道场开始说起。

中国的四大佛教道场，估计各位都不会陌生。五台山是文殊菩萨的道场，普陀山是观音菩萨的道场，九华山是地藏菩萨的道场，峨眉山是普贤菩萨的道场。所谓道场，从常规意义上讲，就是这些菩萨们讲经说法的地方。我们不用考量历史去验证是否菩萨们真的曾经在这里讲经说法。但凡去过的人们，都会被这些佛教圣地的"场"深深地吸引住。那里有一座座庄严肃穆的寺庙，有一尊尊神态各异的佛像，有上千年的古树，有无数不远千里来朝拜的善男信女，有香火燃尽的缕缕青烟，有诵经礼佛的老和尚，有拿着扫帚清扫庭院的小和尚，有方圆十里都能清晰地听到的晨钟暮鼓。人只要置身其中，好像都多了一份敬畏心，多了一份相信，多了一些规矩，多了一些虔诚。

记得二十多年前，我第一次去五台山，本想和几个朋友找一个农家院住上几天，到那里游山玩水、吃吃喝喝。但住进去了才发现，与之前想象的完全不一样。早上一听到钟声就自动起床，洗脸刷牙，特别想出去呼吸一下山里的空气。中午贴饼子、小白菜吃得有滋有味。到了晚上山里很早就敲鼓了，天黑得也早，山里没灯，也出不去了，一直喜欢熬夜睡不着的我，那几天很早就睡了。最可笑的是，当时我们几个人带去的很多熟食和啤酒，谁都没好意思拿出来大撮一顿。出了五台山很远之后，我们放松下来，才敢拿出来，一顿给消灭了。

我估计很多人可能也会和我有同感，我的意思是，**我们走**

进道场里，被道场改变了。

今天我也说道场，说的是道场管理。那么，对于读者而言，到底什么是道场？其实很简单，我用三个词去概括：环境、整体和系统。人在一个环境中，一定会被环境所改变，什么样的环境，就能塑造出什么样的人。而这些环境的营造，一定是一个整体感觉，而且是一个系统工程。

我们的企业，我们的部门，我们的班组，也是一个道场，只要有人的地方就一定是一个道场。而人在人营造的道场中是会被改变的。这里面我们可以用现在比较时髦的词说，人是可以被激活的。所以**对于企业来说，营造一种好的、良性的、有爱的、适合人的成长与发展的、有干劲的环境和道场，就成了最重要的事情了。**

人一旦进入道场，就会主动地按照道场的规则行事。道场管理激活的是人。

◆ 第三部分
领导者的个人修炼 / 073

第一部分

道场管理请不要低估爱的力量

DAOCHANG GUANLI

爱需要定义吗

我曾经看过一本书，是弗洛姆的《爱的艺术》，当然这本书由于翻译者的时代特点，我认为具有一定的时代政治色彩的演绎。书中说，爱是一种积极的活动，一种积极的情绪。爱必须具备一些基本要素或形式，这些形式包括关心、责任心、鼓励、支持、尊重和认识。是的，我们大部分人，从一出生就能体会到来自父母和身边人的关心和爱护，可以这样理解，我们大部分人是不缺爱的。我们刚出生时，就能得到母亲的爱抚和甘甜的乳汁，我们能体会，那就是一种爱的形式；之后来自家人的关心，我们体会那就是爱；上学之后，有来自老师们的辛勤教育，我们知道那也是爱；后来上班，有了一两个"死党"，我们认为那时候的一个眼神，一种默契，一份共同承担，那也是爱的一部分；之后，我们恋爱得死去活来，我们知道这就是爱的味道；再之后，我们也能将我们理解的爱，给予我们爱的人、我们的孩子，这一切的一切，可能就是一生中爱的体验过程。

其实爱好像不用刻意去教，爱好像是与生俱来的，即使一只凶猛的狮子，对待猎物十分凶残，但在对待自己的孩子时，却也能显露出一份天性，一份爱。

《现代汉语词典》中，爱的解释是这样的：爱是对人或事物有很深的感情。如果这就是权威，那是不是可以理解，恨也是爱呢？

后来很多心理学家也去解释爱，解释爱情。

心理学家约翰·李，将爱分成激情之爱、同伴之爱、游戏之爱、占有之爱、无私之爱、合理之爱。

斯滕伯格也说过，一份爱，必须承载三个部分：亲密关系、一份激情和一份承诺。

其实我更愿意相信，他们在解释的是通俗意义上的爱情，而不是常规意义上的爱。

也许爱本身就不是用来解释的，爱也不是用来定义的，因为，每一个人体验爱和感受爱，都是不一样的。也许我们只需要讨论和定义如何去表达爱就够了。

真正的爱，是有爱的表达形式，而且能让受爱方体会到，那是一种爱与被爱的味道。

"傻妞"马小溪

上个月在网上遇上了一个老同事，马小溪。马小溪是我二十多年以前，在保险公司当主管时的下属。自从马小溪离职以后，我们再也没有联系过。

先说说马小溪吧。印象中她是一个又高又瘦，满脸雀斑的外地姑娘，有两颗非常明显的虎牙。前两天我打开自己的公众微信号，跳出来一句留言：我是马小溪，你还记得我吗？

当然不会忘记。虽然，她只和我共事了三四个月，但她离职以后，同事们还经常拿马小溪和我的一段对白开玩笑。

当时的保险公司考核员工有两项衡量指标，一个是销售业绩，一个是增员数量。所以，只要个人业绩和拉来干活的人多，就能升职，如果想再往更高的职位发展，那就需要做更多的业绩和拉来更多的人干活。当时我对管理的理解就是"吃饭喝酒打保龄"。一切问题都可以在饭桌和酒桌上搞定。如果搞不定，就可以再吃一次，再喝一次，一定能行。再加上我在团队中拉拢了一些所谓的铁杆，他们也能适当维护我的决定和形象。

那时候的确是这样，大学刚毕业没多久，就当了主管，后来是经理。没有人教我应该如何管理，保险公司的业务培训不少，但管理培训几乎没有。当时我却觉得我的管理已经上升到一种人性管理的高度，其实现在想想，我才知道，那根本就不是管理，只能用粗暴来形容。

马小溪是当时公开挑战我的人。事情的原委，我已经记不清了，但当时的马小溪，在办公区公然和我吵了起来，她说我根本就不会管理，并且告诉我真正的管理应该像爱家人一样爱员工。当时她吵闹的时候，我只是不停地吸烟，旁边一些同事听到她这番话，诡异地看着我笑。当时我心里一直想着：这种女人最好有多远走多远，这不是无理取闹吗？你是谁？我要像对待家人一样对待你？这完全不可能。之后没过多久，马小溪就离开了，但保险公司还流传着这段茶余饭后的调侃段子，他们说马小溪其实是要求我爱她。

多少年过去了，我也参加了很多专业课程的学习，接触过各种各样的管理理念，我越来越理解，在管理中爱才是永恒不变的主题。

瓜岛战役

几乎每一个喜欢战争片或战争故事的人，都应该知道瓜岛，全称瓜达尔卡纳尔岛。从地理位置上讲，小岛位于南太平洋所罗门群岛的东南端。由于它的战略位置，1942年，在这里发生了著名的瓜岛战役。

但我听说瓜岛从一万多年以来，一直有一群原始土著人，在岛上无拘无束地生活着。白天，他们在岸边捕鱼，并享受着美味的椰汁，晚上，他们仰望星空与小动物为伴。岛上也没有凶猛的野兽，人们可能从生下来，就可以看到人生的尽头，每一个人都会在岛上终老一生。一万年以来，他们在历代族长的带领下，繁衍生息，也许人生中最大的危险就是潮汐和疾病。

但是有一天，日本人来了，杀了大半的土著人；后来，为了打通盟军的运输航线，美国人又来了。最终，瓜达尔卡纳尔岛的土著人灭绝了。也许这些土著人到死都不明白，为什么这些拿着会发火的长杆子的人们要将他们杀害。也许在这些原始的土著人心中只有一个字，那就是"爱"，人与人之间应该是相爱的，而不是相残的。

弑父大学生王利

十几年前，看到一篇报道，一个毕业于某政法大学的孩子，叫王利，挥刀杀死了自己的亲生父亲，而且手段极其残忍。当然，最后杀人者一定会被正法，问题是有目击者后来回忆，这位可怜的父亲，死之前用仅有的力气说的最后一句话却是："儿子，拿着钱，快跑。"之后，网上、报纸上对这一句深爱孩子的临终遗言大肆评论。值得思考的是，无疑，这位可怜的爸爸的确深深地爱着孩子，但是我们的孩子却一点都不知道感恩。有人痛骂这丧心病狂的不孝子，但留给后人深深的思考，却是父亲的这份伟大的爱，为什么从来就没有感化这孩子。

唐山大地震

在土耳其大地震中，一位伟大母亲，用四肢撑地，后背顶着千斤巨石坚持了整整两天，原因是在她的腹部下方，蜷缩着自己 7 岁的女儿；512 汶川地震，有人从掩埋多日的废墟中发现了人间最美的画面——一位母亲保护着熟睡中的孩子，而这幅最美图画的主角，却已经僵硬多日了。

同样是地震，冯小刚将唐山大地震中的那份爱诠释得让人撕心裂肺。地震救援中，在只能救儿子或女儿一人的抉择中，妈妈的选择决定了一个人的生，另外一个人注定要死。后来这位妈妈选择了救下小一点的儿子，但这一举动却给自己留下了一辈子的痛和无法弥补的心灵煎熬。但奇迹发生了，女儿意外生还，后被养父养母收留。在之后的三十年中，女儿一直在埋怨当年亲生母亲的决定，而那位母亲，在三十年中也一直没有饶恕自己。

最后，最让人不能不哭的画面就是，女儿认亲回了家，看到家里挂着自己的照片，照片前是自己小时候最爱吃，但由于家里穷，经常会让给弟弟吃的西红柿。那一刻，妈妈跪在女儿面前，告诉女儿，手心手背全是肉。那一画面，催生全场哭声一片。是啊，这就是爱，爱可以融化一切冰山，爱可以化解一切仇恨。

爱的定义

　　爱到底是什么呢？好像没有一本教科书，能够详细地告诉我们什么是爱，我们应该用什么样的方式和行为去爱。也许是因为爱根本就不用解释，就像我们生下来就认为父母对待我们的方式就是爱。

　　记得几年前赵本山在春节联欢晚会上有一个小品，解释了什么是爱。赵本山说，爱就是当一个人不在你身边的时候，你却心里挂念他、想他，这就是爱了。当时听着有道理，我想那是我从小到大第一次听到有人解释爱。

"00 后"的孩子不说爱

一直觉得我的孩子比我"冷",这种冷,是冷漠的冷。之所以这么说,是因为她很少对家人问长问短。孩子病了,父母会寝食难安,对孩子寸步不离。但有一天父母病了,孩子却和没事人一样,一进门就回到自己的屋子,或是晚上守着电视乐个不停。

很多父母急了,这怎么行?真要是自己老了,孩子肯定不会守在身边,而且有很多家长会一直问孩子一个问题:"等爸爸妈妈老了,你会对爸妈好吗?"开始的时候孩子会一边看着电视一边答:"会的。"但时间长了,孩子就觉得这是一个极度无聊的问题:这么一个简单的问题,有必要来回问吗?或者,这不还早吗,现在问这些问题干什么?我的孩子也一样。

直到有一天,孩子的语文老师给孩子交代了一个家庭作业,作业的题目就是《给爸爸妈妈一封信》。孩子回家后,悄悄地在自己屋里写完了这封信,然后又偷偷地放在了我的床头。这封信我看了,并且一直保留着。信上虽然有别错字,但中心思想我明白了,孩子其实是爱爸爸妈妈的,只是有时候不愿意说出口，觉得总是将关心放在嘴边有点傻，也许他们觉得在心里默默地爱，才是真正的爱。

是啊，一个"00 后"的孩子怎么能体会"70 后"父母的关心呢？当然一对"70 后"的父母可能又从来没想去了解一个"00 后"的孩子。同样，我们小的时候和我们的父母恐怕也没有真的互相了解过。

其实，如果不将爱说出口，别人怎么能知道你是关心对方、爱对方的？爱必须说出口，爱必须有爱的表达方式。

企业管理中需要爱吗

我有一个女性朋友，在我认识她之前，她就已经换了很多份工作了，我从她嘴里得到的信息是，她所遇到的老板，每个都是黄世仁、周扒皮似的人物，一个个不是占有她们的劳动成果，就是"又要马儿跑，又要马儿不吃草"。后来她一气之下，自己不知道从哪找了一些钱开了公司，当了老板。生意做得起起落落，这个不行，就干那个，那个不行，又回过头干这个。虽然从来没有去她的公司参观过，但我知道她开公司肯定赚钱了。我们交流比以前少了，但只要一碰面，她就会谈到她一个人做企业有多么苦，而每次一谈到她的企业，她就会大骂员工都是白眼狼。我也曾经话里话外向她谈及，要学会培养员工，或者融入一些快乐和爱的元素在她的企业，她却坦言，还没等到她想爱她的员工的时候，员工就向她递交了辞职报告，之后她总结出一个"真理"：员工都是没良心的，根本就没有一点爱。

我曾拜访过一些企业，也曾和老板们交流，和他们说现在时代不同了，一定要在企业中融入爱的元素，只有爱员工，员工才会爱企业、爱社会、爱老板。

有的企业做得的确不错，很早就在管理中植入了爱的概念，但有个老板却对我说："你这一套，行不通。"他告诉我，可能我没有做过企业，他做企业很多年了，只信服一个词，那就是"慈不掌兵"。这位老板对我说，对待员工，不要什么爱不爱的，只要给员工高额的工资，和硬性的考核指标，员工就会好好干活。而且必须让员工怕你，员工只有怕你，才会拼命地干活。

其实他可能不知道，我做过业务员，做过销售经理，做过合伙人，也做过老板。在经历二十年的管理工作后，我跳出管理者的角色，重新分析之前我在管理过程中采取的一些手段和方法时，我才发现有些东西是错误的，而当时却一点都没察觉。之后当培训师，通过向别的专家学习，我开始反思，逐渐总结开悟。很多东西是我从事管理工作二十年后，用自己的辛酸血泪史交换出来的。慈不掌兵那套东西，二十年前可能行之有效，因为那时候，员工的选择余地小，即使让员工怕，员工也不敢跑，他们只能乖乖地在这里上班，老老实实才能挣到钱。而走到了今天，社会、世界已经全变了。很多员工说过，这个地方不舒服，员工可以再找别的工作。而且企业一味地只有严格要求，缺少人情味，真的有可能被倒戈，被弹劾，被变成"空城计"。

人是感性动物、感情动物，只有考核和工资是完全不够的。

管理中必须有爱，员工才会感觉到温暖；工作中必须有快乐，员工才能体会到工作的乐趣。员工只有在企业中获得成长，才会觉得值得。也只有在团队中，员工不仅得到工资，还有很多精神层面的学习，员工才不会觉得空虚。

其实工作和生活是一样的，我们每个人都需要爱和表达爱的正确方式。

对于刚出生的婴儿来说，能躺在妈妈身上，那一刻的温暖就是爱。

对于还走不稳路的小小孩童来说，摔倒了，能有一双大手来扶，那就是爱。

对于收到一份父母给予的自己朝思暮想的礼物，那就是爱。

对于热恋的情人，能在寒冷的冬天紧紧拥抱，那就是爱。

听到孩子学会叫第一声爸妈，那就是爱。

工作中遇到麻烦，能有一个安慰和鼓励的人，那也是一份爱。

自己遇到困难而停滞不前，能有老师傅帮助指路，这就是爱。

一个棘手问题，通过团队集思广益，能找到问题突破口，这就是爱。

领导甘愿做绿叶，却将成功的机会留给下属，这也是爱……

　　其实不管世界怎样变化，爱从没有离开过我们。只要用心去感受，你就会发现，爱从来都没有走远，爱就在我们身边。如果我们能生活在一个有爱的环境中，我们每一个人都将收获爱，收获感恩，收获幸福。

对我们爱的人抱有更积极的态度

是的，当你内心充满了爱的力量的时候，你就愿意为你爱的人付出更多。而那时候，你的爱就不仅仅限于父母对孩子的爱，妻子对丈夫的爱，这份爱会变得更有力量，而超越血缘与亲情。这种爱也会更宽广，会照耀你身边的每一寸土地，每一位走过的人。

爱的力量可能会这样大吗？有读者会问，如果我爱了，别人却感觉不到，怎么办？别人不理解怎么办？别人会不会误会我？我不愿意将爱挂在嘴边，也不会表达自己的爱，这该怎么办？现在我要告诉读者，这本书原本是写给职场人士的，当然，如果你相信爱的力量，每一个需要爱的人都会有收获。其实爱有爱的诠释，爱有爱的表达方式，爱有爱的动作。

企业管理也同样如此。我们会发现，当我们将爱融入我们的日常管理中，这就变成了一种积极的力量。这种积极的力量可以感化更多的人，也可以点燃原本就存在于每个人内心中的爱。当爱成为一种习惯，而不是一种时尚的时候，就变成了爱的海洋。爱开始传播，爱开始流动。当将爱和我们每天接触的管理要素结合在一起的时候，有一种爱就叫作"此处无声胜有声"。这种爱是积极的情感，对于领导者而言，所有的领导风格都需要用更多的情感方式传递。

就像我的同事马小溪一样，每个员工更希望在离开家走进职场的时候，也能收获爱，感受到爱，获得爱的支撑。而有些企业，员工加入以后，普遍感觉"很冷"，很没有人情味。我想任何一个人，在一个没有关怀、没有爱的环境中，都不可能产生动能，具备活力，激发潜能，心存感恩。

而且，当我们身边没有爱的环境，我们也一定不会主动关心其他人，而只会关心自己。但是当我们的整体环境是具有爱的氛围的时候，我们更愿意相信身边的人，更愿意达成共识，更愿意共同协作和互助，更在乎其他人的感受。同时，在企业中，也会产生良性的心理契约。而心理契约有了，大家更能紧密地团结在一起，自发自觉地多奉献、多付出，组织和团队就有了强大的凝聚力。

管理需要爱的力量

有人说，科学是解决人活在这个世界上的事情，宗教是解决人离开这个世界以后的事情。其实这句话只说对了一部分，在我看来，宗教也能解决人活在这个社会上的一些事情。

我经常出入寺庙，也经常向僧众学习，了解了一些佛教的教义。我认识一位龙泉寺皈依居士，生活中，他是一个拥有200多员工的企业老板。最早认识他的时候，这人的外貌可以用五大三粗、怒目圆睁来形容。后来他的生活中出现了一些不顺，有人引导他皈依三宝，在家修行。之后他一直吃斋念佛，每周有空的时候一定要做一些公益爱心活动。

四年不见，当我再次见到他的时候，我大吃一惊。我发现他瘦了很多，而且容貌的变化最大，可以用慈眉善目去形容他。当我告诉他我对他的感受的时候，他告诉我，几乎所有人都和我有同感。他自己也意识到自己容貌上的变化，他说，其实这几年也没有什么特别的，他除了每天早晚念一遍佛经以外，其余时间都在正常工作。时间一长，慢慢地他发现自己的内心安静了许多，开始有爱心了，开始愿意关注和关心别人了，而且经常参加一些公益爱心活动，最早是自己一个人去，后来也带上单位的一些同事一同前往。他的这种爱心也感染着身边的很多人。我的这位居士朋友后来总结，我们的内心发生改变，我们能体现的外在的东西就会发生变化。

管理就是为了爱

我们会发现，中国人所熟知的东西里面都涵盖了一个"爱"字。世界著名实业家、哲学家稻盛和夫有一句名言：敬天爱人。这句话对我的触动很大，一直作为我的人生信条从没改变过。的确，做任何事情，都应该存有一丝敬畏心，除此以外，还要关心人、爱人、鼓励人、尊重人。这才是人的生存哲学。

而这么简单的道理，可能有些人却从来没有意识到，没有开悟过。

还记得《三字经》的开篇几句话吗？"人之初，性本善。性相近，习相远。"理解起来其实很简单，那就是人本身是好的，善良的；人性是相同的，之后经历不同的教育方式，不同的父母和老师，不同的成长环境和社会环境，人的表现就越来越不同了。这也许是西方 Y 理论的鼻祖。Y 理论同样强调，人是好的，有良心的，善良的，只要条件成熟，环境允许，人一定能发挥更出更大的能力为企业卖力。

环境的作用非常之大。我们会发现，一个不会说英语的人，到国外，只要半年时间，就能用英语与人流利地对话。而一个外国人，到了中国不到两个月，也学会了"中国式过马路"。其实，人性的善恶并不十分重要，只是受到了不同环境的影响，有的时候人变成了天使，有的时候人变成了魔鬼。所以，天使和魔鬼是被激发出来的。环境在这里面，起到了激发的决定作用。

这个道理，同样适用于企业。当今时代，到底什么才是企业的核心竞争力？有人不假思索地回答，是人才；还有人可能会说是资金、是品牌、是人。我觉得企业的核心竞争力应该是情感。我们会发现，一切的回归都会集中到情感上面，而只有在情感的基础上，人才会发挥出自己最大的潜力。

对于企业管理来说，一位企业管理者的工作很多：目标规范、考核激励授权，样样都不能少。有时候我们会发现，烦琐的工作根本就让我们没有思考的空间和时间，遇到问题，只是流程化、公式化地去解决。尤其是基层领导者，他们不仅需要带队伍，还肩负着做业务的重任，经济一不好，市场一疲软，业务的重担就完全压在自己身上。面对着员工士气低落、工作关系紧张和高压的企业目标等重重问题，却始终找不到一条解决现状的途径。

其实有时候，如果我们能将自己剥离出去，认真地思考一下，我们就不难找到答案：是管理出现了问题。管理的哪方面出了问题？其实问题的症结在氛围上，企业和团队的环境上。

领导者的首要任务是要去营造一个适合激发人"天使部分"的环境。而这些环境的营造，需要每一个管理者投入更多的爱，投入更多的时间，更多的智慧。而且还需要领导者、管理者明白一点，任何管理手段都有可能是单一的。真正好的管理一定是全局的、系统的、通透的、圆融的。

我曾读过很多关于管理方面的书籍，这些书籍内容写的都很好，为我们提供了一些管理上的方法和原理。在这里我想谈两点自己的看法。一点是，任何方法只对常量和定量有效，但对于变量来说，可能是不能复制的。其实人就是最大的变量，因为人有情绪，有思想，人不一样，适合的方法就不一样，因此，有的方法就只能借鉴，不能照搬。这就是很多人学了很多老师或专家的方法，但到了自己的企业里面却行不通的原因，因为企业的人员不同，文化不同，环境不同，养成的管理习惯也不同，将其他公司成功的方法完全照搬的做法是行不通的。所以说方法，只能借鉴。

第二点就是我们的领导者、管理者们性子过于急躁。他们希望只要引入了管理方法，就马上有结果，一旦发现没有结果的时候，就开始寻找其他的方法，如果还是行不通，就再换。这就可能让我们的员工感觉很多事情都是朝令夕改，不能常效，而员工也对这种企业中像孩子变脸一样的管理方法，越来越疲倦。

其实这些领导者都忽略了一点——时间。什么叫时间？首先时间是一个过程，它是一种描述过程的参数。既然时间是过程，它一定是一点一滴地在组织中发挥变化和作用。就像孩子的成长过程，从牙牙学语到能说出完整的一句话，从会爬到会走，孩子的成长其实是发生在每一天的。管理也如此，任何管理手段，都不能立竿见影，而是慢慢见效，每天都在进步一点点。

所以，我们应当从全局和系统入手，从营造环境和氛围开始。一定要给管理手段和方法一个沉淀、习惯和传承的过程。这种过程，企业不同，时间长短也不同。这也更好地给我们一个修正的过程，改善的过程，反思的过程。时间也是鉴定有效性的唯一参数。

管理大师德鲁克曾经说过一句经典的话：管理的本质只有一点，那就是激发每个人潜藏的那一份善意，那一份爱。其实每个人都有善良的一面，有爱的一面，但环境不同，人的表现就不一样。所以，我们如何在管理中，将这份爱找回来，激活并点燃传播，这才是关键。

第二部分

管理需要全面升级

DAOCHANG GUANLI

管理方法要升级

近年来，很多企业一直在谈要管理变革，有的企业说要管理创新，有的企业说管理重组，有的要改制，这些其实都是一个意思，那就是经济在变化，人员在更替，市场发展了，现在的管理已经不能胜任或者适应时代的需要了。

其实近几年，我们大都有同样的感觉：

第一，钱没有以前好挣了；

第二，干活的人没有以前听话了；

第三，竞争手段越来越残酷了；

第四，最主要的是，诚信在社会的各个角落都或多或少地遭到了践踏。

如此之大的变化下，有些管理者还在沿用之前自己的老领导管理自己的方式去带队伍，管理手段单一，管理方法陈旧，造成团队对目标感认同不够，干劲不足，分歧加深，内部效能过于低下，管理成本居高不下，无法应对时代变化的需求。有些企业濒临破产也没有深刻分析原因，一味地强调下属和外部的问题，并没有从管理方法上痛定思痛找到一些出路。还有一些企业由于经营中掌握大量的稀缺资源，经济效益暂时不错，换句话说就是比较好赚钱，因此，从来都没有重视过管理的问题。公司内部混乱，人员也长期安于现状，出现集体惰性，也给企业管理危机埋下了伏笔。更有一些管理者坚信"慈不掌兵"，管理方法粗暴，忽略了管理的本质，最终造成员工和管理者之间的对抗关系。而员工可能又基于工作机会和高额工资的诱惑，敢怒不敢言，面和心不和。

最近，有些学员向我发牢骚，说国内经济形势不好，工作不好干。而且新闻报道，个别企业已经出现给员工减薪的现象。但其实我们知道，企业在找不到其他出路的时候，减薪是不可避免的。

我们知道，互联网的推动作用对当下企业的重要性。我们面对的不仅仅是以前身边的几个客户，我们有可能会面对全国和全世界的客户。我们的客户不会考虑企业是不是好做，他们只会对比哪家公司更稳定，服务更好，投资回报更高。我们经常用数字和国外公司对比投资回报率、生产总值。当和国外公司持平或略胜一筹的时候，我们会欢呼雀跃，认为我们已经接近或超过国际发达企业的水平。

其实我们和他们可能还差得很远。为什么呢？我们比数字不能只比结果，我们需要看看，这种结果是多少人创造出来的。如果我们五六个人的劳动成果与国外一两个人的劳动成果一样，那能算是接近和持平吗？也许，我们的工作效率只相当于别的企业的十分之一或更少。我们也不能只看营业额，我们需要和那些先进的公司对比，在同等的结果产出前提下，我们的人员成本是多少，我们的流程成本是多少，我们的管理成本是多少，这样一对比，我们很容易发现，我们的投入产出比很可能是那些优秀企业的几十倍。

2016 年，部分企业出现裁员、减薪的现象，其实经济形势好坏是市场大环境，我们根本就左右不了。但如果企业不能从内部管理和提高内部效能方面痛定思痛的话，也许未来，企业更不好过。

很多企业和管理者们，在管理和经营的双重压力下，几乎已经喘不过气来。其实管理和经营本身就是两条企业主线，企业只有系统地去思考和改良才是唯一的出路。

精细化管理出现的问题

为了提高内部效能，为了摆脱管理的困境，管理必须升级，必须改变，而且迫在眉睫。有时候是不得不变，有时候是顺机而变，有时候是与时俱变，更有时候是逼上梁山。但众所周知，任何打破之前的改变，都会伤筋动骨，都是痛苦的，都可能带来不爽。

但对于企业而言，管理升级是帮助企业提高效率，降低管理成本，激发员工动力，摆脱干多干少一个样的局面。我们也希望，所有的指标都能上墙，所有的工作现状都能量化、图表化、可视化。我们希望有更多更清晰的数据，来总结并验证管理效能。但我们发现，**所有管理升级的结果只有一个，那就是企业开始步入严谨的精细化管理的进程。**之后企业所有的管理工作都开始量化了，指标化了。

对于一般企业而言，一旦企业走进了精细化管理，你会发现企业精细化一定会带来无数个必然的变化，那就是：企业的工作目标越来越高了；企业的考核越来越严了；企业的奖惩力度越来越大了；企业的工作流程越来越细了；员工的工作任务越来越重、越来越多了。但这么一来，我们必须思考一个问题，那就是这些变化对于企业的一般职工来说，是利是弊？

如果我们企业的员工感到高兴、舒服，那我们的员工真的就不用管了，每人都是好样的。但实际情况恰恰相反，基层员工面对着企业的这些变化可能会越来越不舒服。尤其是一些老员工感受会更明显。为什么？

以前的企业多实行粗放式管理，现在的企业突然拉高标准，尤其令那些老员工感到无法适应。这种感受，会对管理产生抗拒的情绪和动作。

以前员工和管理层出现矛盾的时候，通常领导找这些员工吃顿饭，喝顿酒，问题就解决了。记得二十年前我带团队的时候，只要一出现对抗，一出现员工不服管，晚上我一定会设一个饭局。但现在完全不一样了，原因是：第一，员工不缺饭吃、不缺酒喝；第二，员工早就知道喝酒不是目的，只是策略，关键还是谈工作，久而久之，员工就开始对此推脱；第三，员工明白了，即使和领导在饭桌上能称兄道弟，但酒一醒，之后工作中再出现问题，出现对抗，最后还得制度上见，考核管理上谈。这样一来，久而久之，管理层和被管理层的冲突越来越激化，从此带来了摩擦，带来了对抗，带来了冲击，而且问题越积越多，很难化解。

这时候，企业领导者可能会做出不同的反应。当然，这和领导风格有关系，有的领导老好人，一看变革受阻，而且矛盾重重、阻力重重，以前虽然压力大，绩效不高，但至少员工关系、干群关系还不错啊，现在关系却紧张得要命。既然进行不下去，那就不进行了，退回原点。所以我们经常看到，有些企业在变革的时候，一项政策执行没几天就不了了之了，就是这个原因。有些领导者做事果敢，而且很强硬，有阻力也必须推行，而且要强力推行，但是这样一来，硬碰硬，有可能造成管理者和被管理者之间的矛盾出现极端现象。

什么叫极端？那就是可能会出现员工公然反抗管理制度的情况，个别企业会出现一些罢工游行、停产，要求领导必须解决，不解决就不干活，有些企业还出现了诸如跳楼、自杀的现象。如果面对外部竞争压力和内部员工关系紧张激化的双重压力，有些企业就可能瞬间崩盘。生产停工了，制度被践踏了，有些管理者甚至会受到人身攻击，自身的安全感都没了。

也有的老板花重金请来国内外知名咨询公司，但是这么一咨询，钱虽然花的不少，但是有些问题会更激化。一来，员工认为咨询公司是老板花钱请来给员工洗脑的；二来，很多历史的问题咨询公司也一筹莫展；三来，有些咨询公司在企业里用几个月时间搞得员工热血沸腾，但关键问题是这些咨询人员走了以后，问题不但没有解决，很多咨询公司在的时候领导的轻许诺却又成了新问题。

　　企业管理要变革和升级，管理者应该如何面对和处理这一企业面临的必然变化，或者说如何润滑管理者和被管理者之间的关系呢？记得中国有一位已经卸任的企业家曾经说过，在他几十年的管理生涯中，做过无数种不同的尝试，走到今天才发现一切管理的症结和解决思路还是回归到人身上，找突破口，找方法，找思路。

　　既然回归到人，我们就应该了解人的需求、人的动力、人的想法和人性的特点。

　　当然，我们了解人性、了解需求、了解动力源，并不是要改变人——改变别人，不但费力不讨好，而且还有可能无功而返——而是转变自己，改变管理的动作，用动作营造环境，用环境去激活人的动力。因为所有企业归根结底，还是要赚钱的，还是要盈利的。而盈利的关键是员工动力和意愿。

管理哲学的变化

我有过二十年的管理经验，自己也经营过十多年企业，不管经营企业的大小，我深深地明白一个道理，企业存在的首要条件，一定要赚钱。

因为只有赚钱，才是我们一天工作 24 小时最好的回报。只有赚到钱后，才能体现价值并做出社会奉献，这也是团队成员最想看到的。钱是一种证明能力智慧的最好奖赏，一种努力的最好回报。当然也只有赚钱，才能发得起工资，才能交得起房租，才能补得上货款。

可是当整个社会充斥着"一切向钱看"的"普世哲学"时，整个社会的价值观都在发生变化。我记得二十年前，择偶条件通常会以对方的家庭和谐、孝顺、诚实善良、身体健康、能吃苦作为衡量条件。而今天，这一标准好像基本被颠覆了，取而代之的是有多少房子、有多少地、什么牌子的车子、月薪多少、存款多少等这些经济指标。

"经济基础决定上层建筑"，关心经济没有错，我们每个人都希望物质生活更好。但当我们过于强调物质和经济指标的时候，往往忽略了人的内在条件。我曾经在我的个人公众平台上写过一篇文章——《近三十年中国做过的唯一错事》，详细阐述了我的观点：一味地注重钱，人的价值观改变了，底线没了，什么都没了。

赚钱和培养员工没有冲突

同样，如果企业也只将钱作为唯一的衡量工具和价值观导向，我们会发现，我们只能将人看作一种挣钱的工具，而这些人也会拿挣钱多少作为衡量企业好坏、个人去留的唯一标准。

其实对于企业来讲，一个企业的员工能力越强，对企业的贡献越大。所以，在企业里，培养员工和企业盈利是一点冲突都没有的。

有一位在松下公司工作过的朋友曾经给我讲过一个故事：

老松下曾经问年轻的职业经理一个问题，他说："你们知道松下电器是经营什么产品吗？"

青年骨干异口同声地说："经营电器。"

老松下环视了一下这些年轻的孩子们，坐下来严肃地说："你们都错了。如果倒退五十年，我们的松下公司肯定是卖电器的，这一点都没错。但是到了今天，我告诉你们，我们的松下，绝不仅仅只是卖电器的，我们的松下其实是在经营和培养着全世界的人才。"

现在想想，老松下能有如此的胸怀和智慧，堪称企业家的典范。

是啊，经营人才，如果用这种管理哲学去经营企业，企业一定会把人放在第一位，重视人的知识技能培养、觉悟的培养、规则的培养、创新的培养等。只要在松下，人每天都会有收获和提高，即使不在松下公司了，这种精神也会被带到全世界去。

所以，经营企业一定要将人放在首位。人不能仅仅被看作是一个挣钱的工具，人是资源，是企业的主体资源，要能充分地尊重并加以利用。有人就有了团队，团队才是企业的最大资源。有些读者看到这里，有可能会有疑问了，我们一直在"培养人"，但发现了一个问题，企业尽全力把员工培养出来了，员工却动起了跳槽的念头。很多企业认为，既然员工迟早要走，那就干脆不培养吧。这个问题在我走访的一些企业里的确存在，需要一分为二看。

第一，这和现在的中国教育有关系。现行的教育体制，虽然已经改良很多，但我觉得还是有问题的，而最大的问题突出表现在过于重视成绩的培养，而可能忽略了对人格、能力、创新等的培养与提高。

其实我个人认为，小学的生活，主要是培养孩子的学习兴趣和社会规则；中学应该对孩子的社会生存能力、体能、意志力进行培养，当然不能少了常规知识的教学工作；大学本身是一个更高层次的学习，我们可以对社会多学科进行深造，知识可以往深层次走，必不可少的是一定要对孩子进行职业就业和职业发展的培养。但现行的教育体制下，企业就变成了一个替学校培养人才的舞台，所以孩子进入职场，企业除了对其进行特定技术的培养，还要帮助其提高职场工作能力。对于企业来说，这都是"额外"但又不能不做的，你这个企业不做，一定会有别的企业愿意替你做。别的企业有，而你的企业没有，可想而知，员工愿不愿意在这家企业工作。

第二，如果我们的企业并不重视人才的培养，我们会发现，员工走得更快、更早。为什么？很简单，今天和明天一样，没有培养，没有提高，自然也就没有了希望。

跳槽离职是一种自然现象。大多数企业已经习以为常了，关键在于，一个人离职了，领导者有没有思考过这个人为什么会走？另外，企业有没有良好的机制，这个人离开了，马上就有人顶上。后面我会和大家分析一些员工的真正需求和离职的原因，以及我们企业的人才问题根源。

归根结底，企业的管理层，尤其是企业主和从上到下的管理人员，用人哲学必须实现质的改变。人是最重要的，人是第一位的。当我们意识到这一根本问题的时候，我们会发现我们的管理思维、管理动作都会发生一系列的转变。

管理思维的变化

在中国，很多人都相信一句话，叫"眼见为实"。管理者会更加坚信这句话的深刻道理，我们每一天都要擦亮眼睛去观察每一位员工的微小变化和行为，警惕每一个可能意想不到的危机事件的发生。

我曾经问一个从事多年管理工作的管理者他最信什么，他不假思索地告诉我，他只相信他的眼睛。这真的值得我们深刻反思。即使看到了全部或局部，我们一定能看到事情的真相吗？即使看到了事物的真相，我们是不是真的能百分百判罚得准确？即使判罚得准确，员工是不是会心服口服呢？他们内心想的到底是什么呢？

不能只相信"眼见为实"

其实眼见未必为实。记得曾经看过一个"颜回偷食"的故事。

有一次，孔子带着学生在陈国讲课，期间断粮了，七天没吃上饭。弟子颜回好不容易从外面讨回来一些米，大家非常高兴，就让德行最高的颜回去煮饭。在煮饭的过程中，孔子发现颜回时不时地张望，看见四下无人，偷吃米饭。这让孔子很失望，但他没有惊动颜回。开饭的时候，孔子说，刚才我梦见祖先了，我们的饭来之不易，我们应该先拿干净的饭祭祖才对。颜回却阻止了师傅说不能祭祖。为什么呢? 颜回说，刚才生火做饭，烟熏火燎，有一些炭灰和墙皮掉到米饭上了，米饭来之不易，扔了太可惜了，索性他就挑了那些带有炭灰和墙皮的饭自己吃掉了，而用过的饭是不能用于祭奠的，否则就是对先人不尊重。孔子叹息地说道："我们最应该相信眼睛看到的事物了，但眼睛却是最不可信的。我们更应该相信自己的内心，但内心也总是往往欺骗了我们。"孔子转过头和学生们说："要了解事物的真相其实不难，但要了解一个人，却是难上加难。"

这个故事的道理耐人寻味。我们总是习惯用眼睛去了解真相，但有时候，我们未必就能看到真相。有时候即使只看到了一部分，却坚信自己已经看到了事物的全部。所以很多时候，我们往往做出了错误的评判。因此，转变管理思维先要转变我们看待事物的角度，视角不变，思维方式就难以有所改变。

既然是管理思维需要改变，我们就要学会反思。反思什么？之前员工犯了错误，我们总在想用什么方法能约束他们，让他们怕犯错，少犯错，不犯错。而现在我们就要转变思维。员工在这个问题上，为什么总是犯错？为什么屡屡触碰？他们是怎么想的？有什么方法能让他们不再犯错？我们看到的和听到的，是不是出现了问题和偏差？这就需要管理者开动脑筋，换位思考，从员工的角度打开问题的大门。

有时候，一味地强调并希望去改变和约束员工的行为，可能会忽略员工容易犯错的真正原因，而找到问题的原因比迅速解决问题更有价值，更有助于避免第二次错误的产生，其实这才是解决问题的关键。

举个例子，一个员工经常迟到，通过沟通以后问题没有解决，我们可能就会利用高额的罚款来约束员工的行为，但可能还是收效甚微。如果真的从员工角度出发，通过了解，可能真正了解到了员工经常迟到的原因。根源找到了，我们再从管理上入手，可能离解决问题的答案更近。

日常化管理动作的变化

如果管理哲学和管理思维能够改变，那么看待事物的角度就会发生转变，视野肯定也就不同了。下面最重要的就是管理动作，因为只有管理动作发生改变，员工才会有所触动，才可能试着开始去营造基于爱的管理道场。

管理精细化动作就是管理者每天的上传、下达、授权、激励等的日常工作。这些管理动作是管理者的工具，这些管理动作会形成一连串的闭合回路，直接形成"场"，而这些"场"直接驱动员工的工作意愿和工作动力。每一个企业的"场"都不同，管理者就需要思考一个问题，员工在什么样的"场"里，才能被激发出最大的活力。

驱动力是什么

　　驱动力，就是一个人想干一件事的原动力。驱动力就像一辆汽车的发动机一样，这是车能不能跑起来的必要条件。丹尼尔·平克在《驱动力》一书中做了非常详尽的解释。他说，在物质激励和赏罚机制失效的时代，要提高绩效、焕发热情有三大要素：自主、专精和目的。

　　驱动力可以简单地分成内驱力和外驱力。内驱力简单地说，就是人主动想完成的一件事，比如，我喜欢唱歌，我可以不吃不喝，不上班，但无论如何，我一定要唱歌，这种想唱歌的愿望是发自内心的，这就是内驱力。当然，内驱力往往和人的兴趣爱好、目标感、紧迫感有关系。外驱力则不同，相对内驱力来说，可能会有一些被动，就是人本身没有那么大的动力，但是被外界刺激不得不做，或者说积极性被调动起来了。比如说，高额的薪水吸引，这就是外驱力。对于管理而言，我们不可能总去研究内驱力，我个人认为，所有的不是基于兴趣和爱好的外驱力，很可能是被外界刺激产生的。

　　对于驱动力，有时候也是内驱力通过外驱力起作用。对于外驱力的部分，在心理学和管理学中，很早就有人提出了快乐驱动和痛苦驱动的概念。我们会发现，我们做任何事情都可能源于这两种驱动力而产生的行动力。人都有逃避痛苦和追求快乐的本能，这两种力量都能产生动能。一种带给人痛苦，而且害怕再次体验；一种带给人快乐，而且乐在其中。在管理动作中，管理者也经常用这两种驱动力去提升员工的工作动力。大多数管理者还是会认为，痛苦的驱动力对企业的业绩和员工的工作效率来说，见效会更快一点。但实际情况是不是真是这样呢？

有孩子的父母其实原本都应该是管理大师。当孩子做错事情的时候，我们往往愿意使用棍棒出孝子的方法，迅速解决。管理者将这种方法理所当然地移用到员工的身上。而且这种方法简单，见效速度快。只要员工不守规矩，不听指挥，直接用惩罚、开除的方法，多数都会奏效。下次如果再出现问题，可以再调高惩罚、开除的阈值，屡试不爽。我们发现这也是一种驱动力，我管它叫作"痛苦的驱动力"，这种驱动的效果，一个字——快。

其实，当我们用痛苦驱动力驱动员工的时候，我们得到的仅仅是速度极快。但这种驱动力，估计对"60后""70后"，乃至"80后"的效果比较明显。但对今天的"90后"，效果却不是那么明显。而且这种驱动方法不能长时间使用，时间一长，就像拉皮筋一样，一旦超过了皮筋的弹力值，有可能瞬间就会崩断。但有些管理者偏偏没明白这个道理，每天还是用简单粗暴的驱动方法来管理员工，最后往往弄得自己筋疲力尽，员工的工作毫无起色，不但不能完成目标，还加重了员工层和管理层的对抗。所以单一地用痛苦的外驱力来激励员工，最后，只能加重管理的负担。员工也是人，远离痛苦、追求快乐才是他们心底的呼声。

当一个人有做某件事的主观意愿，并在过程中感受到快乐的时候，这种力量将是意想不到的。

那么，我们能不能在管理的过程中融入一些快乐的要素，让员工每天都能更快乐地上班，保持更加喜悦的心情呢？

可能有些读者已经开始抱怨了，每天已经忙得不可开交了，管理者怎么能允许你有多余的时间去玩乐？首先要阐明一点，快乐不是玩出来的，快乐是需要体验的。当一个人参与其中，并且感受到快乐的时候，他往往会忽略不理想结果所带来的痛苦。这一点我是从观察幼儿园孩子的活动中体会到的。

在一次幼儿园观摩会上，孩子们6人一组，用接力的方式将大积木从甲地搬到乙地。当时我觉得那种大积木对于四五岁的孩子来说有点太重，但每个孩子都拼命抱着大积木往终点跑，而且累得满头大汗。有的孩子头都不抬地拼命跑，有的跌倒了还哈哈大笑。我们会发现，孩子们在这种负重运动中，收获了快乐，而且乐此不疲。所以每个人都需要快乐的体验，而且只要充满快乐地做一件事，结果是什么样的，其实并不重要。

但现实中有时候却恰恰相反。结果是快乐的时候，过程却充满了痛苦，而且过程太长，即使对最终的快乐非常向往，人们往往还是会躲避和逃避痛苦的过程，这样一定会降低对目标的坚持。

管理是满足需求，管理要有快乐体验

在企业管理中，管理者不可能让员工天天哈哈大笑，一来，工作不严谨；二来，每天我们都会面对纷繁复杂的管理要素，工作压力大，没有时间去认真感受快乐。其实领导者也希望员工每天乐呵呵的。因为快乐就是一种活力，人快乐了，情绪就更好了，人际关系就更和谐了，干劲更足了。这样我们就要重新考虑快乐的定义：当员工的需求被满足的时候，员工就会快乐。也只有当员工更满意的时候，才会给客户提供更优质的服务。这才是管理的重要课题。

那么，什么是员工的内在需求？也就是员工在企业里最想要什么？最关注什么？员工找工作，最关注的肯定是工资，换句话说，就是付出的劳动和收获的工资是否能成正比。相同的条件下，我想所有人都愿意到工资更高的企业工作。那我们需要思考一下，是不是给员工钱就行了，或者说员工除了要钱别的就不要了？

有一次，我打滴滴快车，司机是一个大企业人力资源部的小领导，聊天中得知她在这家企业已经工作五年了，我就好奇地问她，现在的这家公司是什么吸引她。女司机非常坦诚地告诉我，她最喜欢的是她在这家企业有发展和有情有义的同事关系。我问她："钱不重要吗？"姑娘抿着嘴笑笑对我说："钱也重要。"她说，之前她在另一家企业工作，工资比现在高，但员工人际关系太紧张，每天都会提心吊胆，如履薄冰，后来总是有心悸心慌的毛病。她就决定换一个环境，于是就到了现在这家企业。现在，她感觉舒服了很多，尤其是同事关系，特别融洽，老板对自己也不错，所以她自己总结后发现，钱是肯定买不来感情和发展的。现在的这家企业，也会有压力，也会有竞争，也会为了做一个计划茶不思饭不想，但五年来，起码到今天，从来没想过离开或换工作。

如果上一个老东家听到这些话，是不是应该思考一下呢？

比出来的幸福感

钱到底是什么？我想很多人的答案都不一定相同。对于比尔·盖茨来说，钱可能就是一个数字；对于马云来说，钱也许就是全世界对阿里巴巴的认可度；对于穷人来说，钱代表能吃饱饭；对于我们大多数职场人士来说，钱是一种对劳动成果的证明方式，钱是辛勤付出后的产出。亚当斯的公平理论中说道，员工的激励程度来源于对自己和参照对象的报酬和投入的比例的主观比较感觉。

我们的幸福感也是比出来的。如果我的孩子考试得了 60分，自己很不高兴，但一看隔壁小明同样的考试只得了 59 分，自己的幸福感油然而生。当孩子考了 99 分后，得知班里其他孩子全是 100 分，自己的喜悦感就荡然无存。这就是差异。当对比之后发现，我比你高，我比你值，我比你好，幸福感就有了。

对于企业来讲，领导者只要给员工制造和其他公司的工资差异值，员工就能有幸福感。但这根本就不可能实现。咱家单位员工这个月挣了 5000 元，看到别的企业工资比本公司高，为了制造差异满足幸福感，我们下个月就发 5500 元，再下个月呢？我想任何一家企业都肯定做不到。问题在于，员工有的时候拿到工资却不高兴，觉得没价值，觉得不公平。所以管理者就需要探究在钱的背后，员工还需要什么。

我们通过多年的实战工作发现，员工希望工资奖金越来越高，满足自己和家庭不断的物质需求没有错，但同时，他们也需要获得一份认同感，一份鼓励，一份成就感，一份内心的踏实，一份尊重，一份关怀和爱，一份融洽的同事关系，一份团队的归属感，一份职业精神的升华，一个成长空间。

员工要的太多太多，其实归结到一起，就是四部分需求：物质提升需求、能力成长需求、灵魂精神境界提高需求、爱和和睦关系的需求。如果管理者弄明白了这四种类型的员工需求，管理工作就好做了。

在日常管理工作中，管理者可以试着输入包含能满足员工这四种类型的管理动作，员工即使不常哈哈大笑，即使会受一些筋骨劳顿，但其内心也是快乐的。

快乐一定要融入管理过程

为什么现在的一些综艺节目收视率那么高？有时候，一连串地调台，台台都是综艺节目。原因很简单，因为这些节目的宗旨就是制造快乐，传播爱。当人们解决了温饱之后，快乐和爱，就变成了人的刚性需求。

生活中的很多事情都一样，有时候，过程能带来快乐，结果并不重要。以培训课为例。很多老师在培训中设置一些分组游戏或分组竞赛，这样的培训有体验、有快乐，学员就会觉得时间过得很快。反之，有些老师即便道理讲得很好，但语言单调乏味，灌输起来恍如魔音入脑，听课学员多数就坐不住了。再如吸烟，很多国家会在烟盒上印刷肺癌者的肺，作为对烟民的劝解，但烟民却并未因此停止购买。我个人也有吸烟的不良嗜好，快 20 年了，报纸电视都告诫吸烟对人体有害，家人也劝我戒烟，虽然我知道吸烟百害无一利，却从来不提戒烟二字，为什么？因为每次拿起香烟吞云吐雾的感觉，不吸烟的人是难以体会到的。所以，过程中体验到快乐，我们就不太会顾忌结果，即使结果不一定快乐。

很多人说，管理有这么费劲吗？还要提供更多的快乐。大家可能还没有完全理解。

当我们在整个管理过程中，能引入一些快乐驱动力或者一些快乐要素的时候，人往往会忘掉目标的艰难，并且乐在其中。**人一旦感受到过程的快乐，就会自动弱化结果的痛苦**，因此，引入快乐，能增强员工工作的持久性。

那么，如何引入快乐要素？管理者工作繁重，有时间带领大家制造快乐吗？工作本身是严肃的，员工天天笑嘻嘻的，工作制度和严谨性怎么办？

在职场，人们也需要快乐。如果管理者在整个管理过程中，能引入一些快乐驱动力或者一些快乐元素，员工往往会忘掉目标的艰难，对目标更加坚持，并能乐在其中，这才是管理者将快乐要素引入管理过程中的真正作用和目的。

到底如何引入，我将在后面与大家分享。

激励原理和方式的变化

　　管理者要善用激励，大多数管理者都是一边当领导，一边学习如何去激励员工的。激励也是管理者的必修课。

　　激励主要是激发员工动机的心理过程。这里面我们换一个词，叫意愿。我个人认为，在企业里，每天都会有大大小小的目标，因此目标的完成和执行就是企业的大问题了。有的企业目标定的很高，但是员工能完成，并乐于完成；有的企业目标定的很低，但是即使这么低，员工都不愿意去做。所以一个人想完成目标的意愿比目标本身重要得多。

　　当员工的能力、意愿出现问题之后，领导者就要使用激励的方法了。关于激励，我必须提到两个概念。

赫兹伯格的双因素理论

赫兹伯格提出激励对员工的能力和意愿有一定的驱动力。他认为激励有两个因素：保健因素和激励因素。

很多管理者在管理动作中将激励用错了，得到相反的效果。保健因素是什么？是那些员工每天都会遇到的，比如说岗位、工资、奖金、工作环境、人际关系、工作制度和监督，这些都属于保健因素的范畴。另一个因素是激励因素，这才是我们需要探讨的真正的激励。

激励因素里包括员工的工作乐趣、工作价值感、表扬、鼓励、荣誉、被认可、成就感和积极的情感等。

而这两个因素的日常使用，直接影响到员工的满意感。赫兹伯格认为，调动人的积极性，一定要在满足感上下功夫。他的实践结论是，保健因素不能影响员工对工作的满意程度，只能影响员工对工作的不满意程度。即保健因素不能不给员工，但给了员工并不能让员工更满意，只能降低不满意。而激励要素则会带给员工更多的满意和积极作用。我们可以不给员工激励要素，员工也不会因为没有得到激励要素而有什么不满意，或者也不会向管理者索要，然而一旦我们给了员工真正的激励要素，员工就会越来越好。

虽然学术界对赫兹伯格的双因素理论展开了近五十年的争论，但我们都不会否认，单纯的保健因素是不可能让员工有真正的满足感的。

谈及满足感，很容易让人联想到央视关注的中国人的幸福感。所谓幸福感，是一种积极情感，是人们根据内化了的社会标准对自己生活质量的整体性和肯定性的评估。幸福是需要与环境、与周围对比的。现在，很多企业明白了一个道理，经营企业本身就是经营客户。但每个企业都至少有两类客户：内部客户和外部客户。我们需要给外部客户提供优质的服务和过硬的产品，客户满意，可以将生产力迅速转化成利润。另一边是内部客户，也就是我们的员工，当我们为员工提供相应的劳动报酬、共同的目标认同感和情感支持的时候，员工也将更努力地工作以回报企业。

事实上，我们还在两类客户之间发现了一个因果逻辑，那就是只有当内部客户更满意的时候，内部客户才能自发自愿地为外部客户提供更优质的服务质量。所以很多企业现在从之前的只关注客户满意度向更多地关注员工满意度倾斜。开明的企业业主们开始思考一个问题：如何让员工更满意呢？

幸福和财富

我们的结论往往是财富能带来更多的幸福感和满意度。这个观点大多数人都会同意。

但早在 20 世纪 40 年代，美国著名的数学家冯·诺依曼就将人获得的财富和相应得到的幸福感做了科学的分析和对比。

首先，财富越多，幸福感越多；其次，当财富从零到有的时候，我们的幸福感的感知幅度最大，但当财富从有到更多的时候，我们的幸福感是边际递减的。打个比方，当我们大学毕业刚刚领到第一个月工资的时候，那一刻，我们的幸福感爆棚，这个时候的幸福感增值最快。随着能力增强，我们的工资越来越高，但我们工资的增长并不能使我们幸福感也成比例地增加，反而越来越下降。

此前，我们已经阐述过，钱不是员工唯一需要的。激励方式也同样如此。当我们拿钱作为激励的唯一方式的时候，钱的激励作用就会越来越小。而且时间长了，只要缺少钱的刺激，员工的动力就明显不足。在人力资源的开发上，我们是否可以吸收一些激励因素的内容让员工在保健因素的前提下，获得更高的满意度和满足感呢？

　　我们得出的结论是，如果员工在获得物质的同时，还能在团队中获得尊重、肯定、认可、归属感、表扬、荣誉、职业价值、职业发展和快乐后，员工的满足感将会倍增。

对成功的颠覆性认知

我走访过的大多数企业都非常重视领导者的业务能力，所以很多管理者的晋升都是由于本人的业务能力强。这种甄选人才的策略没错，理论上，这些业务能力强的人能培养出更多的业务骨干和精英。但实际情况往往正好相反，很多业务能力强的人升职当上了主管、经理之后，并没有总结出一套完整的带队伍的方法，在团队中依旧扮演个人独大的业务能手。

其实这里面的原因很简单，首先是在观念上，大家还没弄懂，对于管理者来说，什么才是真正的成功，什么才是团队真正重要的。

个人做业务的时候，成功的概念肯定是基于个人业绩、个人的表现能力、个人完成任务的水平和个人解决问题的能力。但当有一天我们带领团队的时候，成功的概念就完全变了。这时候的成功是通过团队的考核去衡量的。能培养出多少人才，带出什么样的队伍，是否能培养出超越自己的团队成员，这才是团队成功的概念。有些管理者只愿意抱着自己那"一亩三分地"，怕"教会徒弟，饿死师傅"，相对显得更自私，没有让别人超越自己的勇气和胆量。但作为管理者，真的愿意自己的身后是一群绵羊吗？真是这样的话，整个团队就成了弱者团队。

我们要培养出超越自己的团队成员；我们要思考，用什么样的手段和方法，可以让团队其他成员也变得更加成功，这样才能证明我们的最大价值和成绩。希望下属也能成功，说明我们已经具备了爱的力量，因为希望下属成长，本身就是一种大爱。

道场管理的前提

组织需要优秀的领导者和管理者

在培训界，有很多老师都是领导力、领导艺术培训的大师级人物。谈到领导力，我本能地想到一个人——约翰·桑顿。他是《全球领导力》倡导者，2003年就开始在中国传播他的管理理念，他也自许为最了解中国人和中国文化的外国学者。约翰·桑顿说，领导力是自我意识的显现，不可造就，需要觉醒，需要学习。领导力最重要的一点是它体现了一个人的内心世界，而且是发自内心的。是啊，首先你是一个什么样的人，你就会有什么样的行为和表现，你的内心世界是什么样的，你的外显的动作就是什么样的。这就像我们常说的相由心生一样，做什么事情要看是否发自内心地愿意做。

互联网上一直有一个乘车人该不该给有需要的人让座的争论，有人让座给别人，但被让座的人连一声"谢谢"都不说，反而认为是应该的，索性下次就不再让座了。给别人让座，首先是一种社会公德心，体现关爱。其次，我们把舒服的机会留给别人，这些谦让的行为和动作如果是做给别人看的，我们很希望别人有相应的礼节性的感谢和回报，这本身就是中国文化中的礼尚往来。但如果你发自内心地愿意这样做的时候，对方是否真的给予感谢，其实对于你的行为没有影响。所以，有些人给别人让座可能还停留在形式上。领导力也同样如此，要看内心，我们是不是发自内心地想做一个好领导，我们是不是真心地想给予员工爱和帮助员工提高能力，我们是不是发自内心地希望员工成长，所以领导力也是内心的艺术。

约翰·桑顿说，对于组织而言，不管是开创期还是衰退期，什么也莫过于一个组织能有一个好领导来得更加实惠的了。因为领导者本身是完全可以让组织成员的信念和行为朝着更积极的方向去发展的。有人曾经说过一句话：一个企业的企业文化，主要看这个企业领导者的文化信仰，领导者的文化信仰是什么样的，企业就会走向什么方向。这句话虽然不是百分之百正确，但这句话的确反映了领导者在组织中的决定性作用，换句话说，同样的员工，完全一样的团队，分别由两个不同的领导引领，我们会发现，这两个团队的表现和业绩将会大相径庭。

在过往的管理经验中，不管是我们作为团队的底层还是上层，我们都能看到领导者的水平直接影响了员工工作的动力和意愿。在十几年前，执行力一词刚刚出现的时候，我就发现很多企业公司，都在购买和学习执行力的课程。一个企业的目标制定以后，一旦没有完成，领导者理所当然把它定义成员工的问题，或者是执行的问题。那时候企业动不动就要上一堂执行力的课，领导者动不动就会脱口而出：这帮人，执行力太差。现在，我们再去反思这一企业现象。是不是每个员工都具备了执行力，执行的意愿就一定会特别强烈，企业的目标就一定能够完成？答案是否定的。

几个月前，我在东北讲课，课后，一位年轻姑娘和我聊天，希望我能帮到她。这位姑娘的父母费尽周折把她送进一家国企，父母每天千叮咛万嘱咐，让孩子在企业好好干。姑娘也想好好争气，干出一番事业，于是，进了企业就拼命干活，拼命学习，对谁都客客气气的。但现在工作快一年了，姑娘彻底失望了。姑娘和我说，那些经理们一个个阳奉阴违，偷奸耍滑。他们根本就不需要工作，只需要在上级检查时表现一下，这就是他们每天的工作。而且对待员工也是欺软怕硬，管理没有公平感可言。姑娘每天干活，但一点价值感都没有。姑娘说着说着就哭了。她说，二十年的努力被这一年的现实工作彻底颠覆了，她现在不知道该怎么办。

姑娘说话的时候，情绪有点激动，可能将事情夸大了，但我想，她并没有骗我。这些人的确是企业存在的毒瘤。可除了安慰，我又能怎么帮她呢？

这是一个多好的员工啊！怀揣着家族和个人的梦想来到企

业，希望能大展拳脚，可领导和环境带给她的伤害，也许是终身的疤痕。对于一个刚刚就业的大学生来说，如果能遇到一位好领导，有一个好的工作环境，将是怎样的幸运。

人生在世，无非读书、见人、历事、行路，我们如此努力地生活，就是为了走更好的路，遇见更好的人。真的希望几年后，还能看到那位姑娘依然做个斩钉截铁、义无反顾的正直的人。

努力成为一个好领导

拥有一个好领导是组织和团队的福气。但好领导的定义比较宽泛，而且人无完人，再者，我们每个人对"好"的认知也不同。但我个人认为，对于企业或组织来讲，一个好的领导者必须具备以下几个特质：

1. 把控资源，信念坚定

中国古典长篇小说《西游记》中，师徒五人一起经过九九八十一难，到西天大雷音寺求取真经。这一路上降魔除妖，受尽了磨难。师徒五人各有特色，孙悟空火眼金睛，沙和尚吃苦耐劳，白龙马任劳任怨，猪八戒既可以当孙悟空的助手，没事又可以解个闷儿。只有师父唐僧凡胎肉眼，还经常冤枉好人。但就是这么一个"无能"的领导，却能带领这四个妖魔完成大业，修得正果。唐僧到底有什么本事？

熟读《西游记》的朋友会发现，唐僧虽然手无缚鸡之力，但有一种精神是非常过硬的，就是那种不达目的誓不罢休的大无畏精神。不管遇到什么样的困难，只要确定了取得真经的目标，任何困难都阻挡不了他前进的脚步。可见，好的领导首先要有过硬的信念。

信念是什么？首先是相信，是对自己相信的事情的坚定。信念对行为起到决定性作用，会激发人们潜在的精力、体力、智力和其他各种能力，以实现自己的行为志向。

对于只有一个紧箍咒的唐僧来讲，既要管理着四个徒弟，又要对付一路上的坎坷和妖孽，实属不易。即使孙悟空神通广大，降妖除魔之路也不是一帆风顺的，很多时候都要请如来佛祖、玉皇大帝、太上老君、观世音菩萨等"朋友"来帮忙。很多人认为，那是孙悟空的朋友多。其实不然，这些神仙朋友其实都是在帮助唐僧。别忘了，唐僧可是佛祖弟子金蝉子转世。如果看懂了《西游记》，我们就知道唐僧的人脉有多广泛了。作为领导者，一定要掌握更多可利用的资源，这就需要我们平时广交朋友，多积攒人脉。当然，这些朋友肯定不是酒肉朋友，而是那些在你困难时能拉你一把，失意时能鼓励你一下，得意时能帮你看清自己的朋友。所以，作为领导者，信念坚定，资源广阔，可能是领导者需要具备的第一特质。

2.情商高

哈佛大学的心理学博士，丹尼尔·戈尔曼曾经对情商做出了评价与定义。情商是指人在情绪、意志、耐受挫折等方面的品质，情商是一种智力水平，由五种特征构成：自我意识、控制情绪、自我激励、认知他人情绪和处理相互关系。对于组织管理而言，情商是领导力重要的组成部分。

当然高情商的形成是多种原因的，这与儿童时期、青少年阶段，以及后天和人际环境的互动有很大关系。我们发现，高情商的人有共同的特点：

（1）心理承受能力强，并善于自我调节；

（2）能积极乐观地看待世界和周围发生的事情；

（3）善于揣摩他人的心理动机，并拥有良好的人际关系；

（4）能应对大多数突发事件；

（5）有感染身边人的能力。

当然，情商较低的人的行为表现也很明显，通常呈现为：

（1）易受他人影响，自信心不足；

（2）目标感不强，且不愿意付出行动；

（3）很难控制自己的情绪，人际关系较差；

（4）焦虑、抱怨，容易推卸责任；

（5）对目标常抱有悲观的态度，心理承受能力差。

通过以上两种人的表现行为，其实很容易看到，企业需要什么样的领导，什么样的领导才有资格带领团队前进。现在，情商条件已经成为人员选拔的先决条件。那些个人业务能力强，但情商低的领导，反而会加重团队的压力，产生更多的负面作用。

3. 善表达，不吝啬赞美

除了情商高，领导者还要善于表达，会赞美人。语言是人类最重要的交际工具，是人们进行沟通交流的主要方式。领导者每天都要将不同的授权指令传递下去，而员工在行动过程中，需要获得更多的情感支撑。此时，领导者就要学会利用赞美的力量，因为赞美是最低成本的激励方式。

还记得罗森塔尔效应吗？每个孩子都是天才，如果父母不知道，那一定是父母搞错了。的确，每个人都需要赞美。管理大师杰克·韦尔奇说过一句话："千万记住，不要吝啬用更华丽的词语去赞美身边的人，包括你的下属、你的配偶和你的孩子。"

杰克·韦尔奇曾经在书中写道："如果说我身上真有一些大家能学习的东西的话，那我估计只是我学会了如何赞美我的员工和我身边的同事。"杰克·韦尔奇经常有意无意地走到他的员工身边，用真诚的眼神看着这些公司里的年轻人说："感谢你，有你为公司工作，是我杰克人生中最大的荣耀，也是通用公司120 年历史的光荣。"也许这些话在有些人的感觉中好像有点"假"，但就是这些赞美的话语，却激励了一个又一个通用人，为公司"舍小家顾大家"敬业地工作。

很多国内企业的领导者不仅不愿意去赞美的，而且可能吝啬到连一个微笑都舍不得给员工。

我想这是有原因的，中国的传统文化中特别崇尚语言和行为的委婉、含蓄，很多时候，人们嘴上说的和心里想的是不一样的。比如，有的时候我们去别人家里做客，正好赶上吃饭的时间了，客人留我们吃饭，但由于客气和中国式的礼貌，虽然肚子里咕咕叫，但还是说自己已经吃过了。主人也一样，见客人一再推脱，按照中国人的礼貌，也不能主人单独吃，客人在一旁看着，主人马上也推说自己也不饿。就这样，最后，两个人饿着肚子谈了一下午。正是这种中国式含蓄，使我们并不是特别愿意直来直去地表达或表现。

不愿意赞美的另一个原因很可能是我们认为赞美这个词很难把握度，容易掺杂虚假的成分。一说到赞美，我们常常将之与阿谀奉承、虚头巴脑、心口不一联系在一起。中国人的文化根基里，常会认为只会说的人叫"假把式"。

赞美需要有一个前提，也是赞美的核心，那就是发自内心的真诚。当真心想赞美我们的员工时，我们就会很容易发现员工那些值得赞美的行为和动作。当我们心中有爱的时候，我们就能换位思考员工的辛勤工作对企业的贡献。当我们将这种赞美形成一种习惯的时候，接受方收获的是真诚和肯定，人的内心是幸福的。

员工在工作中得到认可，就是一种表扬和奖励。就像一位姑娘穿了一件漂亮的衣服，如果能得到赞美，实际上就是对这位姑娘的一种认可，她一定一整天都会美滋滋的。相反，如果精心打扮之后却无人赞美，她会认为，精心准备也无人欣赏，下次干脆不用再打扮了。所以，作为领导者，要有一双慧眼去发现员工的变化，并给予积极的肯定，要经常发自内心地赞美你的员工，因为赞美是最低成本的激励方式。

4. 自律性强

国有国法，家有家规。每个人都应该成为一个有规矩、守纪律的人。企业领导者也同样如此。自律性是领导者又一必需的特质，且尤为重要。

一些团队中，很多规章制度和奖惩制度都是由领导者亲自制定的。领导者应该成为制度的拥护者，要以身垂范，起到表率作用。

一次，我给某农商系统讲课，会议室门口有四个醒目的大字：禁止吸烟，但会议室里却成了烟的海洋。因为从主席台上正在发言的领导，到下面的中层干部，几乎每个人手里都夹着一支烟，交错着吞云吐雾。

中国有句老话，"上梁不正下梁歪"。成为领导之后，你的一言一行都在员工的"监视"之下。领导者不应该成为制度的破坏者，因为你的行动就是员工行动的信号。有些领导却不顾及这一点，制定制度，又破坏制度。迫于权利的压力，员工嘴上不说什么，但心里却在一点一点地降低对这位领导者的信任度，而领导者的影响力也会被削弱得荡然无存。

所以，我将领导人的把控资源，信念坚定、情商高、善表达，不吝啬赞美和自律性强作为选拔和任用领导者最基本的人格特质。具备了这些条件，才叫有资格上岗。所以，每位领导可以用这些特质自查，如果有所欠缺，就应该学会自省自查、补充学习了。

要做员工尊敬和爱戴的管理者，这些还远远不够。我们将从以下几个部分，阐述领导者如何进行个人修炼。

第三部分

领导者的个人修炼

DAOCHANG GUANLI

首先，我们要明确管理是什么。有人说是 PDCA（计划、执行、检查、改进），这是美国质量专家戴明首先提出的。

有人说管理是通过别人完成自己工作的一种艺术。

有人说管理就是计划、组织、指挥、协调和控制。

我个人总结，管理是在科学和哲学的基础上，发动群众实现目标的过程。管理是一种责任，也是一种实践工作。管理绝不是一件随便的事情，管理深处是哲学，我们需要科学的依据和考量，管理需要践行，管理不是一个点，也许是一条线，也许是一个圈，是一个过程的践行。管理同时也是自我提升的过程。

而领导呢，是给组织一种愿景，提供努力的方向，整合、配合、引领、辅导下属完成并实现整个目标。

我们说领导不是天生的，一定是培养、学习来的。

衡量一个领导的成功与否，至少需要看三个条件：

1. 目标达成；

2. 组织内部员工的满意度；

3. 是否着眼于企业的发展和未来，以及人才梯队的培养。

领导者的角色定位与转变

领导者角色的转变包括从个人到团队；从执行层到监督管理层；从以前的专项事务，到现在的团队事务；从以前工作对象只针对具体的事，到现在工作任务包括人和事；从以前单一的业务能力，到现在更多的人际沟通和管理；衡量标准也从个人业绩到团队业绩等多方面的转变。这些一连串的转变，势必造成很多人在工作习惯和工作定位上的不适应，当然这是一个必然过程，而最重要的前提，其实还是心态和思维方式的转变。

管理者的六个角色

角色 1：团队领袖

领袖，有一部分是职务赋予的。有些团队负责人，个子不高，相貌平平，但由于他的存在，团队成员就觉得心里有了主心骨，愿意在他的带领下工作，说不出原因，这也许就是团队领袖内在的人格魅力。在过往的经历中，这位领导者的性格、气质、能力、道德层面，一定具有一些让人信服和吸引员工的行为，而这种行为一定是领导者身上的一种行为习惯，这就是领导者的领袖人格特质。

角色 2：团队教练

教练这个名词我们并不陌生，我们熟知的蔡振华教练、郎平教练，他们可以让运动员提高能力和技巧，并达成目标。我们熟知的每个运动员，都是无数教练培养出来的。领导者同样也是企业教练。

现在，学术界也在传播管理学上的教练技术。教练技术强调管理者要向具有教练技术的教练转化。我们这里暂且不分析教练技术的核心及用法，但作为一个领导者，要明确教练的职责是给队友提供支持和帮助的。这是一项长期工作，对于新员工来说，领导者的经验更丰富，从业时间更久，领导者应该以专业技术、经验和工作的责任心，为员工指导引路，让他们少走弯路，避免不必要的伤害，提高个人能力水平。在这里，我还要强调一点，蔡振华和郎平未必是打乒乓球和排球最好的人，作为领导者也不要去追求这一点，我们的核心是培养出更多比自己强的运动员来。而当团队成员开始强大起来的时候，我们才会感觉到领导者真正的强大。所以，教练的作用十分重要。

角色 3：团队政委

在中国人民解放军中，政委既是一种职责，也是一个不可或缺的角色，而在企业中这一角色却容易被管理者忽略。

其实，在带领团队完成目标的过程中，我们的员工不但需要获得更多的物质层面的东西，也需要从管理者身上学习到更多的精神层面的内容，包括坚强的意志品质、不屈不挠的决心、从不动摇的信念和高标准的道德要求等，这都是精神层面的东西。

通常，我们一提到政务，滔滔不绝地做思想工作的画面就会跃入脑海，但其实，政务更核心的工作是聆听，是知心朋友，是心理咨询师。所以，企业领导者也应该清楚，自己在整个团队中要起到政委的作用，是精神和灵魂的引领者，是伤感的倾诉者，是道德的佑护者，是员工的引路人。当领导者具有政委角色的时候，员工才开始愿意说出心里话。

角色 4：团队法官

团队中出现纠纷时，就需要"法官"的评判。团队成员需要一位公正的法官，能够一碗水端平，使团队成员获得更多的公平感。当然，既然是法官，员工更希望领导者能够自律和以身垂范。这也是提高影响力的有力依据。

角色 5：啦啦队长

我们相信，一定是一种缘分让大家走到一起，成为一家人。也许在公开场合，我们都会对经理和主管毕恭毕敬，体现我们对职位的一种尊敬。但是在私底下，我们更希望有更多的情感交流。有的时候私人聚会，一杯酒下肚，我们就开始称哥呼姐，这样的称呼会更亲切一些。对于员工来说，他们更需要一个有情有义的"知心大哥"、"知心大姐"，所以，需要管理者发自内心地给予员工更多的爱，更多的情感交流去关心照顾下属，尤其是在团队成员出现士气低落的时候，这些"大哥大姐"也能作为啦啦队长给大家鼓气加油，提高士气，调整情绪。

角色 6：同班同学

不管是组织的经营还是管理，我们都应该形成一种公开、公正、开放的思维和环境，这样才可能吸引更多的人才，转变更多的思维，吸收更多人的智慧。

其实，我们每个人都是学生，都在不断前进的过程中体验和成长。团队就像上学时候的班集体一样，大家各有所长，每个人都在发挥作用。管理者有时候也应该将自己当成一名学生，蹲下身来，一起探讨问题。至少，我们的心是打开的，我们的思想是开放的，三人行必有我师，这样一来，每个人都会是强者，每个人都会在别人身上学到更多的东西。

这六个角色，每个角色都是一种动力，缺一不可，当所有角色都具备运转功能的时候，领导者才会产生巨大的能量。领导者也可以以此为标准，反思自己的管理经历。

如何让我们的管理动作更具有力量

什么是领导力？从字面理解其实很简单，"领"就是带领，"导"就是引导。意思是引领他人、带领他人完成团队目标的能力。有人做了一个形象的比喻，领导力就是一张信用卡，员工就是一台柜员机。将卡插进柜员机，钱能源源不断地取出来，说明这张卡有效，也就是领导力有效。反之，如果这台柜员机经常没有反应，甚至还将这张卡吞了，多半是信用卡与柜员机不匹配，领导力失效了，也就是领导出了问题。我们自然希望这张卡能源源不断地吐出钱来，但那要看我们卡片的信用额度是多少了。

那么，如何增加领导力的信用额度呢？如何让这张领导力的信用卡通存通兑，畅通无阻呢？其实说起来很简单，就看我们平时存了多少钱在这张卡内，每次我们的还款记录是不是很正常。

理论上，领导力的素质模型，将领导力水平从低向高进行排列，一共有七个层级。

很多领导者都在最下面的层级徘徊。最明显的是，很多管理者在组织中一直充当"救火队长"的角色。他们的工作是，哪里有火就会扑向哪里。将火迅速扑灭，就是管理的核心思想。问题在于，由于有时候是一个火情接着一个火情，火的确灭了，但是我们根本就没有时间和机会思考，为什么着火？原因出在哪里？有什么方法能够避免下次着火？另外，管理是一个系统工程，我们有时候会将管理重心全部聚焦到一个点上，就有可能忽略其他管理要素。所以，这样的管理者往往是火患不断。

当在日常管理中融入一些沟通环节的时候，管理者就能够更多地了解员工的需求和诉求。当我们通过我们的资源，开始布置工作并能进行资源协调的时候，我们的领导力素质模型，也就站在了第五和第六层级。但这并不是领导力的最高层级。更高层级的领导力，一定是凝聚人心的领导力，一定是振奋人心的领导力，一定是大爱无疆的领导力，一定是有大批追随者的领导力，一定是大道无形的领导力，一定是能营造爱的环境的领导力。

领导者应该成为组织的推进者和影响者，促进企业发展，影响更多的人。领导者可以整合组织资源，激励组织前行，领导者也可以成为一名聆听者、一位老师，指引员工的发展。而且聪明的领导者从一上任，就开始干一件最重要的事情，那就是营造健康良性的组织氛围。因为只有环境好，系统健康，企业才会越来越好。

环境重要，领导者只有营造良好环境，员工才能在健康、双赢的管理模式下，完成目标，挑战高度。但环境的营造又何尝容易？环境不是领导一个人建立的，一定是依靠全员的力量一起营造的。员工也只有在良性健康的环境下，才能更好地完成企业目标。所以，营造企业环境，建立双赢的管理模式，每个人都应该行动起来。

管理其实是一个了解人、了解人性的过程，任何管理手段和方法，在忽略人的共同需求和不了解人性特点下实施，都是不科学的。

员工希望得到爱的关怀

从经济的角度看，员工在企业里工作，与企业是劳动与金钱的交换关系，也应该是一种契约关系。员工付出劳动，收获相应的工资，企业提供平台，员工展示能力。但只要夹杂着人性，企业和员工就不会是简单的一买一卖的关系。如果真的仅此而已，那我们的管理工作就变得相对简单得多，只需要员工工作，企业付工资就好了。但人是情感的综合体，工作也是情感的体验过程。当工作中只能挣到钱，在情感上却没有其他收获的时候，我们经常会有价值迷失的感觉。而且很多人正是在企业中因为无法满足最低的情感需求，工作变得毫无意义、冷酷无情。

一个人在组织中需要什么呢？这让我们很容易想到之前我们提到的马斯洛需求层次理论。这是美国心理学家亚伯拉罕·马斯洛在 1943 年《人类激励理论》一文中所提出的。这里面有三个假设：1. 人要生存；2. 只有满足需求才能影响行为；3. 已经满足的需求，不能作为激励的工具。

基于这三个假设，马斯洛认为人有五个需求，从低到高，依次是生理需求、安全需求、社交需求、尊重需求和自我实现需求。这五个需求是从下到上，逐级满足。满足了下一层级的需求，再向上一层级寻求满足。

我认为，这五个层级，下两个叫低级需求，上三个叫高级需求。如果一个人的高级需求得不到满足，他就会加大对低级需求的要求或者到其他地方去找能满足高级需求的组织。

员工在企业工作，虽然工资有高有低，但基本上都能吃饱穿暖，满足生理和安全需求，所以，中国的大部分企业都能满足人的第一、第二层级的需求。现在，领导者就需要思考一个问题了：怎样才能满足员工的其他需求？当一个组织不能满足员工高级需求的时候，员工就会认为这个组织和自己关系不够紧密，可能会去寻找能满足这些需求的企业，或者即使在本企业工作，也没有一点归属感，进而影响到员工的工作积极性。而员工一旦有了归属感，就会多一份主动，多一份认真，多一份家的温暖。

对于中国人来说，家有着非同寻常的意义。所以很多企业看明白了，既然中国人这么爱家，如果在企业里也能打造一种"家文化"，利用中国人重视家、爱家的凝聚力，打造员工以厂为家、以公司为家的氛围，企业自然会越办越好。我曾看到很多企业将"家文化"的口号，直接写在厂门口，希望员工能像对待家和家人一样对待企业和同事。但是，有些企业只是将"家文化"挂在门上，摆在桌上，没有任何的管理动作，也没有营造出家的氛围，员工丝毫感受不到家的温暖。

期望怎样，就会怎样

传说古希腊塞浦路斯岛有一位年轻的王子，名叫皮格马利翁。皮格马利翁酷爱艺术，通过自己的努力，终于雕塑了一座美丽的象牙少女像。对于自己的得意之作，他爱不释手，整天含情脉脉地注视着她。天长日久，雕像突然奇迹般地活了过来，并愿意做他的妻子。

这个简单的神话故事蕴含了一个非常深刻的哲理：期待是一种力量，这种期待的力量被心理学家称为"皮格马利翁效应"。

从这个故事中我们可以感悟到，无论在生活中还是工作中，无论是对待孩子还是员工，皮格马利翁的"爱与期待"的力量，永远比强制与打击要有效得多。期望怎样，就会怎样。

社交需求的满足（归属与爱的满足）

有员工曾经向我抱怨，对自身所在的企业一点归属感都没有，总认为企业和自己一点关系都没有，一天到晚都觉得只是为了挣一份工资，养一个家，其他什么都得不到。这的确是一些员工的真实感受。也许有些企业认为企业和员工的关系就是雇佣的关系，仅此而已。但如果仅仅是停留在这个层面，想让员工对企业有更高的忠诚度，有更强的凝聚力，那就太难了。因为员工仅仅是得到了基本需求的满足，是不可能有任何归属感可言，更不可能认同公司的文化，换句话说，他认为公司缺少值得他认同的东西。

怎样才能让员工有归属感呢？其实这和我们管理孩子一样。有经验的父母会发现，孩子小的时候，总是追着爸爸妈妈一起玩，但孩子到了十二三岁的年纪，好像和父母的共同语言越来越少了，而且父母已经开始不了解孩子在想什么了。到底是哪里出了问题？有人说这可能是青春期遭遇了更年期的必然结果，但我们会发现，在孩子青春期这段时间，有些父母却可以和孩子平安度过，亲密无间，无话不谈，有些却越来越疏远。到底是孩子的问题，还是父母的问题，还是都出现了问题？

　　其实问题很简单，这种孩子的远离，并不是一天出现的，"冰冻三尺非一日之寒"。孩子大了，开始希望自主地关注一些事情和信息，而这些信息，可能又不是父母所熟知的，而且对于新生事物的掌握程度和接受程度，孩子又会比父母快很多，这时候就出现了一些信息的不对称和死角，当然有些也是观念上的不同。而父母一贯的家长式教育，总是希望孩子按照自己的方式做人做事，久而久之，父母眼中的孩子越来越没有优点了，而孩子眼中的父母也越来越无法交流了。

　　企业管理也是如此，当管理者发现员工的优点越来越少的时候，就习惯性地开始有意无意地挑错，这不好，那也不好。这是为什么？双方的关注点不同。

　　当管理者的视线一直聚焦在员工的行为规范上时，就会拿员工和自己心里的一些标杆对比，如此，员工的缺点越来越多。这就好比"苍蝇拍"理论一样，一旦我们拿起了苍蝇拍，就会主动到处去找苍蝇，即使没有苍蝇也要象征性地挥几下。当管理者找不到员工的优点时，就会表现出"看不惯"员工的行为。而这种信息一旦被员工接收，他就会认为这个团队、这个组织容不下自己，看不上自己，组织和自己格格不入，没有共同语言。员工一旦有了这种感受，就不愿意在这种环境里多待，在内心中，就会有一种"我是我，你是你"的感觉。这样的员工可能对组织有一丝归属感吗？不仅如此，根据马斯洛理论，当上一层级的需求没有被满足的时候，人对下一层级的需求就会提高。员工就会更加在意安全感和对收入的满足感。

如何让员工有归属感呢？首先需要管理者认同身边的员工，从发现员工身上的更多优点开始。

当领导者只关注工作部分的时候，就看不到员工身上和生活中的闪光点。人是一个矛盾的整体，工作、生活都是人的表现形式。比如有的员工能做一手好菜；有的员工家里有生病的母亲，一直侍奉是孝子；有的员工歌唱得好听；有的人是模范丈夫；有的人是贤妻良母……这些不都是员工身上的优点吗？当管理者更多地发现员工身上的优点时，就可能对员工产生全新的看法与评价。同时，当员工在团队中获得一些来自领导和同事的赞美、鼓励和认同的时候，他就会有一种喜悦感，这是一种正面的、积极的激励和表扬，他会觉得自己是这个组织的一分子，归属感自然就有了。

当然，如果仅仅是领导者发现员工的优点，认同员工还不够。因为领导者的时间和精力都是有限的，无法做到观察了解每个人。尤其是大中型企业更是如此，这就需要我们的组织能有一种机制或者一种环境，使每个人的优势都能在群体中被发现、被认同。当每个人都可以发现周围同事身上闪光点的时候，这种力量是巨大的。而员工也会在这种环境中得到满足，会觉得自己是一个有价值的人。

尊重需求的满足

人是需要被尊重的，这是马斯洛需求层级中的更高阶段（第四层级）。换言之，只要满足生理需求、安全需求、社交需求以后，人的尊重需求就会变大。员工也同样如此，需要身边同事、领导给予自己被尊重的感觉。很多领导者都说，我们十分尊重员工、关注员工，甚至有个别领导与我沟通说，现在的员工都要哄着才能干活。其实这些都不重要，重要的是员工是否有被尊重的感觉。

尊重必须有一种让人看得到的"仪式"。也就是说，尊重要用一种让别人看得到的方式表达出来。

什么是尊重的仪式？其实很简单，中国文化是通过很多节日传承下来的，每一个节日都会有每一个节日该做的事情，比如中秋节要吃月饼，吃月饼就是一种仪式。一吃月饼，我们就想这是一个阖家团圆的日子；清明节，要扫墓，扫墓就是仪式。一扫墓就会追思故人，缅怀先祖；端午节，吃粽子、赛龙舟是仪式，人们就能想到屈原；重阳节，登山是仪式，社会应该重视人的健康……这些仪式就是对节日的尊重，少了仪式，就没有了节日的味道。

1997 年，我刚到一家公司做业务的时候，上班没几天，就遇到了一件非常不快的事情。领导让我这个对业务生疏的新员工独自出差，而且恰逢中秋节，当时我真的觉得公司太欺生。所以，我初入职场的感受就是，这家公司不但没有人情味儿，还特别抠门。那一年的中秋节，我，一个人，两瓶啤酒，一块月饼。回到北京，我心里就一直不愉快。但是，一天的早会却让我至今记忆深刻。

早会历来是我们部门的主管老杨先发言。他说："世界上最辛苦的职业就是业务员，我们公司的业务员更辛苦。虽然我现在已经不做业务了，但我也是从业务员一点一点走过来的。做业务，可能很多人都不一定会尊重咱们，甚至会遭到客户的白眼，但就因为这一点，咱们自己得先学会尊重自己人。"说完，他环视了一下我们每一个人又接着说，"咱们这帮人辛苦，但有一个人最辛苦。"接下来，老杨点了我的名字，当时我心里一惊。他说前两天，八月十五，单位的员工都和父母朋友聚会去了，只有我一个人在外奔波不能回家，他提议全体同事一起再重新给我过一个中秋节。话音刚落，后面小助理就端来一个大托盘，上面摆着一块小月饼，径直地向我走来。而同事们也全体起立，给我用掌声打着节拍，来了一个"爱的鼓励"。

这一切来得如此突然，以至于当时我有点懵，也慢慢弯着腰站了起来，打转的泪花一下没忍住就掉了下来，其他人当时说的什么也没听见，只是一个劲儿地点头。当时心里就一个想法："就为了你这一句话，老杨，我跟你干值了。"

现在想想，那一次早会，我收获了爱，收获了尊重，收获了一份理解，收获了我埋怨的补偿，苦点累点全抛在脑后了。老杨和同事们的那一段情谊，现在想起来，还是那么甜蜜。

举这个真实的例子是想告诉大家，领导者的一句真心话，就能让员工收获尊重，有时候真能让员工为你卖命。

我认为这就是尊重的仪式。我被感动了，我收获到了。所有我出差的怨气转瞬全无了。

我们说管理者要营造一种氛围，要让员工得到尊重，得到认可，得到爱。当然尊重的仪式有了，尊重的习惯有了，尊重的氛围有了，领导者也同样会感受到被尊重的感觉。

自我实现需求

一谈到自我实现，我首先想到的就是黄继光、董存瑞这样的英雄人物，这些革命者为了实现共产主义理想，抛头颅洒热血，舍身而取义。纵览中国历史，很多英雄人物都是通过舍生取义，实现自我。项羽本可不死，以期东山再起，但还是"无颜见江东父老"，乌江自刎；衷心爱国，屈原死也不愿意看到楚国灭亡，投江了断一生，实现了自我；南宋的爱国英雄文天祥也留下了"人生自古谁无死，留取丹心照汗青"的千古诗句；荆轲刺秦其实就是去送死，但被后人铭记，也实现了自我价值。

我常想，死能现实自我，生是不是也能实现自我呢？

到底什么是实现自我？我们会发现，上面所提到的人，他们有一个共同的特点，那就是行为和信念一致。所以我们可以得出一个结论，当我们的行为和我们内心的信念能够保持一致的时候，我们就会有自我实现的感觉。

首先，我们应该思考一个问题，什么是信念。

我们小区有一个极其关爱小动物的爱心人士，每天晚上都会带着水和一包猫粮去公园定时定点儿喂猫，据说风雨无阻好几年，没人监督，没人表扬，没人提供经费。有人问她这到底是为什么，她说看那几十只猫吃得开心，就是她最快乐的生活，她的心里是无比满足的。她说她从小就爱猫，见不得那些被遗弃的小猫挨饿受冻。这就是信念和行为的一致，她实现了自我价值。

所以，信念就是之前的一些偶发事件出现后，在成长的经历中，得到过验证，并不断强化加工，之后就形成了信念，而且深信不疑，并按照这个信念去行动。

那么，一个普通员工，他心中的信念是什么？企业环境能不能助推他实现自我呢？

人与人的信念是不同的，它源自每个人的成长环境，受教育程度，人生中重大事件对自己的影响，而且还必须经过一个自我加工和强化的过程。而这些信念中，肯定有好有坏，之所以说好说坏，就是说，有些信念可能阻碍个人今后的成长。

错误的信念，个人实现了自我，而这种自我实现，对于企业而言，是一种伪实现。比如，一个人如果有归罪于外的信念，就会看不清自己，出现问题就不能勇敢承担责任。正确的信念是对目标的坚持，而不是仅仅看到困难。这种信念是对问题的积极面对，而不是只会找借口；这种信念是能享受工作乐趣，而不是得过且过；这种信念是能向成功者学习，而不是羡慕嫉妒恨；这种信念是对工作的热爱，对企业的忠诚，而不是处处拆台、不劳而获。

企业的管理者有责任帮助员工把已经形成多年的信念修正为适合企业发展、适合自己成长的信念。

"90后"的性格特点

如今，对很多领导者而言，企业管理多了一项新课题——"90后"的员工如何管理。我记得十年前，"70后""60后"的管理者都比较头痛"80后"的员工，中国第一代独生子女走上工作岗位后，管理这些"80后"的孩子，成为当时培训课题的抢手货。但十年过去了，原本的"80后"现在最大的已经近四十岁了，很多已经走上了管理岗位，有人已经当上了老板。而现在的他们，又开始觉得"90后"不好管理了，感慨怎么和他们那时候不一样了。

有些管理者认为，管理"90后"是他工作中最头痛的事情，有时候，管理者本身也会谨小慎微。经常有管理者说，这些孩子每天都得哄着干活，工作中出现问题，说重了不行，怕伤害他们"脆弱的小心脏"，有些员工被批评两句甚至就会做出跳楼的傻事；说轻了也不行，这些员工听不明白，而讲道理，他们又能一套一套，比你还明白，真的不知道用什么样的方法才能管理好他们。

其实这没什么，一代人有一代人的特点，10年也许就是一个社会代沟。"90后"从待人接物到说话方式，从喜欢的服饰到消费观念，都显得比较另类。

"90后"基本都是独生子女，所以"90后"个性中有"独"的特点，我们可以用很自我来形容，所以有时候在思考问题和思维方式上，一定首先会想到自己、爱自己。对个人来说，多考虑自己，多为自己着想没什么错，因为我们首先要爱自己，才有可能去爱别人，一个连自己都不会为自己考虑的人，是很难学会怎样去关心别人的。

网上有一段关于"70后""80后"和"90后"对老板不同看法的帖子："70后"认为老板就是老板，我们是员工，要绝对服从；"80后"认为老板和员工应该是一样的，没有尊卑，必须平等或平起平坐；"90后"则不然，他们会认为，老板?谁是老板? 我才是老板。而且"90后"不愿意受约束，并追求相对或者绝对的公平，当然绝对公平肯定没有，这似乎有点天真，但起码希望获得公平感。"90后"追求快乐和快乐的体验方式，他们向往工作是快乐的，快乐才能工作，有"没有快乐的工作，不如去死"的想法的人不在少数。而且"90后"也是很在意人性化的，他们受教育的程度高，对人性的理解超过了前几代人。他们虽然很"独"，但也同时希望"共好"：希望企业好，但别抹杀自己的贡献和存在；希望自己好，但也别一支独大，一个人好。

　　当然"70后""80后""90后"，乃至于以后的"00后""10后"，还会有更多的个性特点，我所强调的是，作为领导者，我们只有更多地试图了解员工的真正诉求和人格共性特点，才能知道员工的痛点，员工的痒点，员工真正在意什么，以及员工管理的难点，我们才会在团队管理和员工关系上有更多的管理运作空间。

领导者的情商修炼

从六七年前开始，我一直在进行心理学的学习研究和实践，我清楚地明白一点，情商对于一个人在现实社会中的意义越来越重要了。身在职场的人，基本上智商都没有问题，但情商的不同，却能让一个人走上工作岗位以后的生活轨迹大相径庭。而且类似情商与压力管理的培训在近十年越来越火爆了。

大海航行靠舵手，一个团队的领导者更需要有夯实的心理素质和情商。市场上关于情商培养的书籍已经很多了，我们在这里，只需要简单地阐述一下情商的概念。

情商，EQ，指一个人的情绪智力。心理学家、社会学家得出的结论是，一个人的情商指数和一个人所获得的社会成绩和贡献成正比，也就是说，情商高的人的社会成绩和贡献更高，相反则更低。

情商高的人普遍具有如下特征：性格外向并容易带给身边人快乐；社交能力强，并能很快融入新环境或打破僵局；不易伤感或对不可预期的事情恐惧和焦虑；做事积极主动，语言富有感染力；兴趣广泛并善于交际。

　　我们基本可以将情商高的人，看成一个乐观向上，做事积极主动，乐于奉献，全身充满正能量的人。对于一个团队来说，大家是需要这样的人来引领的。引领团队乐观、热情地面对工作和生活，尤其是在团队出现困难、困惑和低谷的时候，我们更需要这样的领导者可以带领全员渡过难关，不畏险阻，永不言败。

　　关键问题是这种具有高情商的人是怎样修炼的。高情商的形成基本是由先天和后天两个原因产生。对于先天条件，我们可以归纳为遗传原因、家庭原因、社会原因、教育原因和重大事件影响原因。我们会发现，一个成人的性格成因，也基本上由以上的一些因素影响。我们可以模糊地评价，在一个人的生长环境中，如果能得到更多积极主动的关爱、表扬、正面引导，轻松的生活和学习环境等，对情商的培养有一定的积极作用。在这里，我们简单介绍几种高情商修炼比较见效的方法。

1.增加兴趣和爱好

　　增加兴趣点是提高情商的好方法。首先，爱好越多，说明我们的生活越有情趣，生活有了情趣，快乐的感受就会更多。而且爱好和兴趣越多的人，越能扩展自己的朋友圈和知识面，越有利于在人际交往中打破僵局。

2. 运动的力量

领导者要积极运动。现代社会工作压力很大，我们经常看到有人下班之后三五成群，大排档一坐，几瓶啤酒，聊得甚欢，也许这是人们减压的方式之一。有人则不同，下班以后，马上换上运动服就直接往健身房跑，一两个小时，一定要把自己弄得满身大汗再回家，这也许是另一种减压方式。

我认为，领导者应该更关注运动的力量。首先，我们应该先明白领导者的个人形象也是领导魅力体现的部分，一个充满朝气、身材健硕的领导者，一定会比那些大腹便便，烟酒不离手的领导者更具领导魅力。我们首先在视觉上会认为经常锻炼的领导者更健康，员工也会本能地假设，一个关注自己健康的人，也一定会关注员工的健康。

再者，运动可以让人感到快乐。科学家分析，运动会让人体产生一种能让人兴奋的物质：多巴胺。在多巴胺的刺激下，还可以产生内啡肽，有了多巴胺和内啡肽的共同作用，人是可以消除痛苦和产生快乐的。

我曾经去过一家地方农商行，行领导是刚刚调来不久的。常言道"新官上任三把火"，但这位领导和以往的领导不同。由于刚刚上任，有些人生地不熟，很难"打入员工内部"，后来这位领导发现，很多同事经常莫名其妙地早退，而且经常扎堆谈论打比赛的事情。他通过了解才知道，附近有当地唯一一家羽毛球馆，只有早到才能订到好场地，行里的很多员工非常热衷这项运动，而且还经常和其他同行组队打比赛。

新领导了解到这一情况后迅速做出反应，找来专业的装修队，将办公楼后一处废弃的自行车棚改造成一间具有两个正规场地的羽毛球馆。整个银行都轰动了，大家万万没想到，新领导竟然能优先给他们提供一个像样的羽毛球馆，而且还配了洗澡间。从此以后，员工们再也不用早退去外面占场地了。

场馆建好后，新领导也和大家一起参加训练，组织比赛，很快就变成了员工的"自己人"。比赛时，新领导还欢迎家属来当啦啦队。在这位领导的带动下，更多的人加入运动的行列。大家除了是同事，还是队友，有些羽毛球打得好的人，还自发当起了教练，每天下班后义务教大家打球。那些学习打球的同事，也主动地当起了球场清洁工。而且最让这位新领导意想不到的是，大家的工作热情和积极性得到很大提高，特别是人际关系大有好转。

一个简单的羽毛球馆，给大家提供了一个运动的场所，更是交流的机会，大家在运动中找到了更多的话题，发现了同事身上更多的优点。**运动不但能减压，而且还能消除工作中的误会。这就是运动的力量。**

3. 报以微笑

大量心理学研究发现，微笑不仅是快乐的"催化剂"，更是人类的本能，就连新生儿都会在睡梦中露出发自内心的微笑。但当我们当上领导者之后，我们可能会发现，自己比以前笑的次数和机会少了，原因当然很多，首先，有可能是工作压力大，烦琐的事情多，没心情笑了；第二，领导者常会有一个错误的认识，就是经常和员工笑脸相迎，员工对领导就没有了畏惧感。但领导者有没有想过，谁不愿意看到微笑呢？而一个每天"黑脸"的领导，只能说明这个领导者的管理让自己焦头烂额，苦不堪言；一个没有笑容的领导，员工总能将他与不满意、不愉快、不高兴、不顺利的词语联系在一起，而这些负面情绪一旦传染给员工，工作也会受到影响。而且有些领导者做事雷厉风行，一丝不苟，以严厉著称，但我们从人性的角度看这个问题，一个严厉的领导，一定有一个管理的短板和悲哀，就是这种领导风格导致他永远都看不见真相，看不见真情。而当我们看不到事实的时候，我们就很难做出正确的判断。

报以微笑吧。微笑是治愈一切疾病的良方，微笑能化解一切烦恼，微笑可以感染更多的积极情绪。一个每天能以微笑面对员工的领导者，一定是一个管理有方的领导者。

报以微笑，说明有能力解决；

报以微笑，说明事情很快就会云开雾散；

报以微笑，说明这点困难算不了什么；

报以微笑，身边的人就会越来越近；

报以微笑，积极的情绪是可以传播和复制的。

有时候我们会发现，当我们放声大笑的时候，真的很难想起那些不快乐的事情。肢体语言是可以带动情绪的，请让你的员工体会到爱的力量。

4. 多读书和学习

杨绛先生说："你的问题主要在于读书不多而想得太多。"我觉得这句话特别有道理。

20 世纪 90 年代，如果大杂院里出了一个大学生，那是全院都会欢庆的事情，而现在呢，好像大学毕业是最基本的就业要求。知识来源已经从单一的课本转向多元化。连中考的作文题目，都可以考察出一个学生的阅读量和对社会时事的关注度。

现在，我常有一种感觉，如果一天不看书、不上网，我连孩子们说的话都听不懂。多年来，中国一直都强调要"与时俱进"。什么意思？就是跟上时代，不让观念落伍，这就需要我们不断学习。学习什么？学习专业知识，学习业务技术，学习管理之道，学习社会科技，学习经济走势……只有一个善于学习的领导，才会带出一个喜爱学习的团队。也只有学习，才能让我们仰望星空、脚踏实地。学习还能让我们慢慢地安静下来，冷静地思考。我们会发现，经常学习获取知识的人比那些不善于学习的人，更显得绅士和谦卑。

重塑领导者的价值观

管理大师德鲁克说，一般人都认为价值观这个东西看不见、摸不着，实际上，企业的目的也好，领导力也好，营销也罢，它后边都有价值观的东西在里面。

价值观这个词，字典中是这样解释的：对经济、政治、道德、金钱等所持有的总的看法。由于人们的社会地位不同，价值观也有所不同《现代汉语词典（第7版）》。简单地说，价值观就是我们每个人心里衡量什么对你最重要，和自己用什么去判断是非的依据。现代社会，科技进步，经济发达，我们的生活质量有了很大的提高，但好像有一部分人的是非观变了很多。

2016年，我去外地讲课，讲课后司机送我去机场回京。已经是晚上了，打开窗，本想多呼吸几口新鲜的空气，司机却让我赶快关上窗。司机说，我们马上要穿越一片"灰色地带"。

车开着开着真的进入了云里雾里，车灯打开，能看见前边颗粒状的物体在车前面像下雪一样从天上掉下来。车开得很慢，可视距离目测不到10米。门窗关得已经很严了，但坐在车里，还能闻到一股强烈的刺激性气味。

过后，司机笑着和我说，这种现象当地人已经见怪不怪了。白天环保部门上班，不让这附近的三个化工厂排放，晚上下班以后，这三个化工厂就集体排放，这5千米路基本都是这样。

回来的路上我想了很久，经济的发展为社会带来财富的同时，我们也在失去我们的蓝天。什么是我们最重要的？是钱？是利？是财富？还是我们安全绿色生存的家呢？

一个团队、一个企业的领导者的价值观决定着整个团队、整个企业的价值观。那么作为领导者，应该拥有什么样的企业价值观呢？

1. 团队第一

领导者必须有将团队利益放在首位的意识。走上领导者的位置是十分不容易的，因此，应当及时从以前的单枪匹马，转为团队精神，通过团队取得的成绩，衡量领导力。这时，领导者通常会犯的一个严重错误是，容易将团队看成自己的私有财产，认为团队是自己的。这样的领导者，在语言上有一个特点，就是走到哪里都会说"我的团队""我的员工"如何如何。事实上，他会认为团队中所有的成绩都应该归功于自己，而团队中所有人都不重要，唯独自己是最重要的。领导者一旦产生了这种想法，他的所有行为都会让员工感觉这个团队的利益和自己的关系不大，而且这样的领导者也会更看重个人利益的得失。由此，我们需要思考一下，如果团队成员都认为这个团队是领导的，他们可能为别人的事情耽误自己的时间吗？

我们从人性的角度去理解，一个人为别人干活和为自己干活的感觉、动力、目标、意愿是不一样的。很多企业一直在强调，要树立员工主人翁的责任感，有的企业还将这句话写在公司的门口，"明镜高悬"。一旦发现员工没有这种意识和觉悟之后，领导者只会抱怨员工的自觉性、自律性以及觉悟太低，却从来没有思考过这其中的原因。也许从股权上考虑，企业是股东的、股民的，但所有的目标都是人完成的，都是每一个员工完成的，企业终归属于企业中每一个人，人人有份。这是一种全员思路的价值观，领导者必须把团队放在首位。

2.关爱培养员工

领导者还需要塑造关心爱护培养员工的价值观。企业的第一目的是盈利，盈利和培养员工没有冲突。我们有很多企业为员工提供了一些员工关爱计划，旨在通过减压和心理疏导提高员工的幸福感和快乐感，进而更好地工作。我们同时也发现，当员工在获得更多的满足感和快乐感的时候，可以更好地服务于客户。如果领导者将培养员工放在首位，员工便在企业中收获了成长，获得了自信。

　　有领导者提出，他们也希望培养员工的能力和技能，但发现员工成长了以后，却往往选择离开企业。当然，跳槽的原因多种多样，有人是因为没有发展空间，有人是因为工资的问题，有人是因为人际关系的问题，有人是因为工作环境的问题，很多很多。试问，如果员工一定会选择离开，我们是否还应当尽心培养员工？答案当然是肯定的。

　　首先，员工在职的时候不培养，员工对企业的贡献就会变小，因为员工的能力和受培养程度是成正比的；再者，既然员工一定要离开，我们一定不希望员工在离开的时候一点提高、一点成长都没有。我们一定不要忘了员工有一个特别的功能，叫"反哺"。就像小时候父母哺育我们，当父母老了，我们也能赡养他们一样。人是会感恩的，员工同样如此。虽然离开了，但如果在这家企业中收获了快乐，收获了朋友，收获了爱，收获了能力的提升，收获了自信，收获了成长，不论他在任何地方，都会对培养自己的公司心怀感恩。即使到了竞争对手的公司里，也会顾及"老东家"的情义。反之，如果员工在企业没有获得成长和爱，我们可以想象他也许会将一份冷漠变成一份抱怨、一份愤怒。如果到了竞争对手那里，也许会变本加厉地将失去的时间夺回来。所以，领导者一定要将培养员工和关爱员工放在重要的位置。

3. 客户第一

企业所有的经济来源都源自于客户的认可，客户只有认可企业，才会信赖企业，才会购买企业的产品。所以，领导者在全员思路和关爱培养员工的同时，要树立一种以客户满意和满足客户需要为导向的价值取向。对于经济链条来讲，客户是最重要的。从领导者开始，企业必须树立客户第一的原则，所有客户的事情都是大事情，所有客户的事情都是重要的事情。只有企业全员以客户满意为第一目标的时候，企业的研发、生产、销售、服务等各个环节和部门才会一丝不苟、尽心尽责。

4. 鼓励和表扬敬业精神

敬业是职业人的第二生命，也是弘扬企业精神非常重要的事情。有些企业或部门领导者只看结果，对以目标为导向的企业来说，这无疑是正确的。但我们要知道，只有员工敬业，才会有好的结果，所以，在企业中，对于员工为达成结果所付出的敬业行为，我们也必须加以表扬和鼓励。只有对员工的敬业精神予以表扬和表彰，才能正面强化员工的努力和付出，这也鞭策和带动了更多的敬业员工，朝着更好的标准看齐和努力。

在实际操作中，企业可以着手搜集员工大量的敬业素材，比如销售人员的业务拜访量、回访量；客服人员细致地解答客户的疑难问题；车间班组成员如何通过研发减少跑冒滴漏；安全督导员如何减少安全事故和隐患等，这些都是敬业的素材，必须加以弘扬。

5. 诚信和承诺兑现

诚信的缺失会让人与人之间丧失最基本的信任，或是处处提防，寸步难行。在团队成员中，如果没有信任作为前提，团队的凝聚力是不可能建立起来的。这就需要从每一个人做起，诚实待人，信守诺言。

对于领导者而言，更要以身垂范。因为某一次的失信于人，就有可能造成团队对领导者和企业政策的不信任。有些领导者习惯性地拍脑门对员工许诺，而由于种种原因又无法兑现，时间一长，有时候连自己都忘了。这时候我们应该建议领导者提前做好规划，并减少这种缺少考虑而轻易承诺的做法，因为一旦不能兑现，可能造成团队整体诚信体系的崩溃。

及时沟通是领导者的重要价值

领导者首先应该是一个愿意沟通的人。企业中很多矛盾和误会，都是因为不会沟通、不愿意沟通产生的。

管理大师杰克·韦尔奇曾经说过，管理就是沟通，沟通，再沟通。我一直相信，只有常沟通，人与人之间才会多了解；只有了解，才会有信任。

沟通在企业中无处不在，客户沟通、上下级沟通、部门内沟通和跨部门沟通等。沟通可以让我们的思想保持一致，产生共识；沟通可以减少摩擦，化解分歧和误会；沟通可以降低猜忌，减少变革的阻力；沟通可以改善关系，疏导情绪，消除心理困惑……我们可以简单地理解，一切问题都可以谈，都可以沟通。

领导者应该增加和制定定期沟通的体制机制，当然，我们也可以利用非正式沟通拉近与员工之间的感情。一些制度的制定和方案的设定前，我们也应该开展大量的正式沟通活动，多了解才能使决策更准确。只有提前充分沟通，才能减少新制度和新政策实施中，来自团队内部的阻力。

但有些领导者却并不赞同沟通。他们会认为只要定战略、定目标，让员工去干就行了。有时候，领导者也试图沟通，但效果反而不好，本身没什么大事，沟通后反而将事情越办越糟。这到底是为什么呢？

首先，领导者应该先扪心自问，是真心想和对方沟通吗？就像小夫妻间的沟通一样，明明一句话，没什么问题，但最后还是吵了起来。事后，他们经常说我是好好和他（她）说话的，但他（她）的态度我受不了。看到问题出在哪里了吧。其实，沟通的时候，语言和态度是很重要的。

企业中一旦出现沟通不畅的问题，很多企业就选择聘请专家为领导者或员工培训如何建立沟通机制。我也参加过一些沟通课程的学习。在课上，有些老师比较注重沟通的模拟练习，比如怎么说，怎么倾听，怎么关注对方等。有些老师对一个沟通的动作和眼神就要让学员练上 2 小时，只要内容新颖，现场效果还是不错的。但我们会发现，这仅仅是课上，这些学员回到家里和工作岗位中，却好像没什么效果。没过几天，还是会出现各种各样的沟通问题。

问题到底出在哪里？为什么不能学以致用？

其实这是领导者内心出现了问题。沟通的目的只有一个，就是希望对方能将你的想法或你想要做的事情愉快地接纳、愉快地达成共识。这时候，我们需要考虑几个问题：

第一，这个时间和他沟通合适吗？这个场合和他沟通合适吗？这种氛围和他沟通合适吗？领导者在沟通的时候，经常太过于关注事情本身，而忽略了沟通的其他外界因素，这直接影响了沟通效果。

有一次上课，正好是在年关前，客户方将课程定在 12 月 31 日，课程结束正好参加企业的新年年会。照理说，这应该是大家欢庆的日子，企业也不错，在培训结束后，将培训会场重新布置了一下，外请了一家演出公司，办了一场晚会，我有幸也受邀一同庆祝。

原本是一件皆大欢喜的事情，但就在会场旁边，企业老板将贵宾室改成了自己的会谈室，一个一个地叫员工进去，一个谈完继续参加晚会，下一个再进去。我原本以为是老板要发红包，让大家高兴高兴。没想到，从贵宾室出来的员工一个个愁眉苦脸，再没心思看节目了。一问才知道，老板几乎给每个人开了一个"批斗会"，将员工一年迟到多少次、业绩多么不好、工作多么不努力——罗列出来。还质问员工：为什么企业对员工这么好，员工却这么对企业？一台充满了温馨快乐的年终晚会，直接让老板毁了。

这位老板就是没弄清楚沟通的时间和场合。老板不但花钱请老师给大家培训，还外请演出公司，本身希望给员工带来知识和快乐，但就是在快乐的同时浇了一盆冷水。钱花了，但快乐没了，得不偿失。

第二，我们要思考，什么样的语言是对方容易接受或接纳的。我们会发现，人与人的性格不同，有人喜欢痛痛快快，有人喜欢慢慢悠悠，有人喜欢缜密地分析，有人认为感情只要有了，一切都有了。当我们了解了对方性格的时候，我们就知道对方喜欢什么样的语速，什么样的语言。

人的性格是不同的。性格并没有好坏之分，每一种性格中都有好的一面，同时也都有沟通中不利的一面。了解自己的性格是好事，充分发扬那些容易被别人接纳的部分，我们就可以趋利避害。乐嘉老师有一本书，叫《跟乐嘉学性格色彩》，将人分成四种颜色，很有意思。其实我个人认为最好的性格应该是每一种色彩都有的性格。单一颜色的性格才是性格的最大缺陷。

有一次讲课，我给学员做了一些性格测试，希望学员通过了解自己，从而改变自己的沟通方式。课后，一个年近 50 岁的学员让我看他的测试结果，我一看吓了一跳，这基本上是一个性格属于"纯黄"的人。这种性格的人信念刚强，做事果断，反应迅速，但独断专横，感情迟钝，缺少人情味，而且听不进任何人的建议，做事主观，没有耐心，每件事情都希望起到控制的作用。通过询问了解，这位学员的儿子已经 4 年不和这位父亲说话了。所以，了解性格还有一个好处就是，我们可以反思自己的行为会不会让别人感到不舒服。如果经常让别人感觉不舒服，我们就很难建立沟通的桥梁。对于管理者而言，如果不能包容不同的性格，我们很难留住人才。

第三，领导者一定要思考一个问题，你的决定会给对方带来什么样的收益？对于领导者来说，沟通的最终目的一定是希望自己说的，别人愿意听；希望别人干的，别人愿意干。我们都知道，一个人意愿的强弱直接影响事情达成的速度和干劲，所以我们一定要确认对方和自己合作的收益。

有些领导者一味地强调这件事对于领导者和部门、组织有多么重要，而忽略对方在事情中的收益或成长，这一定是行不通的。合作要想成功，一定是双赢或多赢的。领导者不但要考虑事情对自身的好处和便利，还要思考对对方的益处，比如，当交代员工去做一项工作的时候，可以提示员工此次任务的重要性，在工作过程中员工可以获得的成长和锻炼等。当与员工进行换位思考时，领导者就能找到沟通的突破点，沟通就变得畅快多了。

沟通的 7，38，55 原则

之前我们说过语言在沟通中的重要性，但比语言更重要的是沟通者所表现的语音语调和肢体语言，因为这些都能展现出沟通者的内心世界和情绪。

心理学说，沟通中，人的肢体语言占沟通效果的 55%，而沟通的语音语调占沟通效果的 38%，剩余的 7% 才是我们一直关心的语言本身。所以，我一直认为，沟通培训中让学员频繁练习沟通语言是徒劳的。即便学会了沟通语言，沟通者的内心世界一定会通过眼神、肢体、语气、状态、情绪反馈给对方。当情绪出现问题时，沟通者所体现的语气和肢体动作都会发生变化，而这种变化恰恰对沟通效果产生决定性影响。所以沟通前要先扪心自问：我的情绪处理好了吗？我是不是发自内心地想和对方聊聊呢？

有时候，即便对方没有开口说话，我们也能通过一些非语言的部分，看到沟通者的内心。露出水面的只是冰山一角，而在水面下的内心世界，才是影响沟通效果的主要原因。

一对小夫妻，丈夫动手打了妻子，妻子离家出走。几天以后，丈夫良心发现，找回妻子道歉。妻子听到丈夫的道歉和今后的保证，却提出了离婚。理由只有一个，妻子从丈夫的眼神中看到，他只是想让妻子回家做饭，而并没有真心忏悔并认为自己打人动手是错误的。妻子坚信她所看到的一切，也坚信丈夫一定还会犯同样的错误。

这个案例告诉我们，我们的内心世界是什么样的，我们的沟通结果就是什么样的。因为我们所有的非语言的部分，已经将我们的内心世界展示得一览无余。

沟通的目的是达成。既然是希望让事情达成，我们自然更应该在沟通的意愿、情绪、眼神、肢体动作、语气、语调、态度、面部表情上下一些功夫。

一定要找到适合中国人、适合本土的管理模式

近二十年来，中国企业界对管理的认知，我可以粗略地用五个词来概括：**触碰、跟风、引入、混沌和反思**。

我见证了这二十年中国企业的变化。企业管理发展到今天，的确走过了一条不平坦的路。很多企业领导者也开始反思一个问题，为什么国外已经验证了几十年的先进管理模式和方法，到了本土企业不是走了样，就是行不通？有些企业一味地强调国外管理模式的先进性和科学性的同时，却忽略了一个事实，那就是人的问题。人是不一样的。

领导者需要清醒地知道，我们管理的是中国的员工。

我们以考勤制度为例。二十年前，我上班的时候，都是单位领导或老师傅记考勤。老师傅两支笔，一支红笔，一只蓝笔。如果正常上下班，就用蓝笔标注，如果迟到早退，就用红笔标注，月底领导会根据红笔和蓝笔的标注确定工资。但这种记录考勤的方法肯定不严谨，因为经常有一些人考虑到私人关系而睁一只眼闭一只眼。

后来大多数单位引进了打卡机。每人一张卡，上班刷卡，

下班刷卡，最后，打卡机和电脑一连，瞬间就能统计每个人的考勤情况，简单方便。打卡制刚实行时，统计比较准确，但没过两个月，单位的员工竟没有一人缺勤，为什么呢？一个人没来，没关系，打一个电话，找个同事，先帮忙将卡刷上，来来往往，互相帮忙。这样一来，本身是为了员工和企业方便，却成了每个人都可以钻空子的窗口。管理者伤透了脑筋，这可怎么办？企业难道说还要为打卡机装一个摄像机，或者找一个人专职监督？但这不是与红蓝笔的效果一样吗？而且比之前成本还高。

随着科技的发展，高科技真的可以解决企业难题，指纹打卡机应运而生。提前录入每个人的指纹，上班下班，用手指一按识别器，考勤情况一目了然。指纹是唯一的，这就解决了代打卡的问题。企业轻松了，员工也省事了。但没过一个月，问题又来了，指模应运而生。消费者只要将自己的指纹，通过类似复印的方式取一个模，通过 E-mail，传输给卖家，卖家很快就会制作好一只硅胶指套。任何人只要带上指套，在指纹打卡机上一按，识别率 100%。

一个简单的考勤工作，就让管理者束手无策。所以我们常说，很多政策出台后，员工层面都会产生一些相应的应对策略。

当然，还有很多约定俗成的行为习惯，例如，关系感情第一，制度第二；说话不会直截了当，爱绕弯子等。

　　管理大师曾士强说过，一定要先了解我们管理的是中国人。所以管理者的任务之一，一定要找到一种适合本土、适合中国人的管理模式。

第四部分

营造道场

DAOCHANG GUANLI

天下格局

　　既然要搭建对企业和个人都有利的管理模式和平台，那么首先我们要对团队重新建立认识，即企业到底是谁的？在课堂上，我曾经问过学员很多次这个问题，大部分学员异口同声地告诉我：老板的。

　　企业往小了看是老板的，往大了看，可能是股东的、股民的，当然，作为国企来说，企业是国家的。那我们反过来想，如果企业是老板的，是股东的，那企业就和员工没有太大关系，员工每天工作，其实是在做和自己没有关系的事情。

　　既然每天都是为别人工作，那可能很多人就会认为这份工作"干和不干一个样，干多干少一个样，干好干坏一个样"，反正企业不是自己的，没必要太认真。由此，企业就会出现一些现象：车间里，有用的工具和原材料散乱一地，员工看了连捡都不捡，为什么？浪费与不浪费，和"我"有什么关系？这个企业是老板的。上班晚来点，下班早走点，明明可以一天干完的工作，一定要拖两三天，交货期紧张和"我"没有关系，即使赔钱也无所谓，反正企业和我没关系。企业的销售员，在为公司拉业务的同时，中饱私囊，企业挣不到多少钱，却肥了自己的业务员。因为业务员想，企业和"我"没有关系，干好了都是老板的，干不好才是自己的。公司某些内部问题，完全可以通过协调和沟通来避免问题和危机事件发生，但有人却袖手旁观，眼睁睁地看着事态向恶性发展，为什么？企业和"我"没有关系。还有些员工经常在单位干私活，有的员工自己能几天把一部电视连续剧看完，但单位有事需要他加班，他却是百般推脱，因为对他来讲，上班能干的只有一件事，就是拿工资。

记得张艺谋导演的一部电影《英雄》，故事描写的是剑客"无名"从小练剑练武，目的只有一个，刺秦报仇。但刺秦需要长空、飞雪、残剑的帮助。在报仇路上，"无名"遇到了一个关键人物"残剑"。"残剑"几次三番阻止不了"无名"刺秦的决心，无奈，最后在地上写了两个字——天下。这两个字改变了"无名"的命运，他最终放弃了报仇。

"天下"二字为什么能让"无名"放弃报仇？原因很简单，一个英雄人物，如果为了家仇、私仇去杀秦王，假若秦王死了，可想而知，六国纷争，生灵涂炭，狼烟四起，哀鸿遍野，一定会有更多的老百姓像"无名"一样，无家无业，妻离子散，会有更多的天下苍生流离失所，死伤遍地。一个英雄，一个剑客，怎么能为一己之私，而有负于天下人呢？这一刻，当"无名"的行为和信念保持一致的时候，"无名"选择了保大家，舍小家。

　　所以，企业管理的关键在于企业的各级管理者会不会有"天下"的格局和思路，会不会理解企业和部门是大家的，而不仅仅是自己的。团队是属于团队每一个成员的，只有树立这种"团队靠大家，团队归大家，团队人人有份"的思路和格局，员工才会在团队的管理风格中体会到我是团队的一分子，团队的荣辱与我有关，从而培养出员工的主人翁责任感。

不做能人

在十几年的企业管理生涯中，我收获了很多成功的经验，也获得了很多失败的教训，但我最大的错误，就是这么多年自己在企业中一直扮演的一个角色——能人。

我一直认为自己是个能人，什么都能。做业务能，一般人搞不定的，我几乎都可以搞定；员工处理不了的事情，我一出马，问题迎刃而解。现在回想，当初有些业务员给客户的计划书都是我写的。公司的销售策略我定，即使员工提出一些建议，我也会认为那些都是天方夜谭，不切实际。当时整个企业都是我说了算，因为我是个能人。我自认为自己花在这些员工身上的时间、金钱和爱真的不少，但没过几年，这些员工却一个个都离开了公司。每离开一个人，我都会感到很失落。后来通过多方面了解，我得知有很多人到了新公司之后却干得非常出色。原因出在哪里呢？

直到近几年，我才渐渐明白，其实问题出在我身上。因为我一直扮演着一个能人。既然是能人，就不可能有人比我强。

项羽与刘邦都是中国古代的大英雄，有书描写项羽义薄云天，力大无比，气壮山河。相比之下，刘邦却逊色很多，没有什么真能耐，就会动动嘴皮子。但是人们能想起来的项羽身边的能臣名将有谁？我想了许久，也就是亚父范增。如果项羽不是刚愎自用，踢开了范增，历史都有可能被改写。刘邦呢？身边的能人却不少，萧何、韩信、张良、陈平、曹参、樊哙、周勃等，还有很多项羽身边的将士。由此我们能够认识到，能人不容易被超越，而那些看着不起眼的"无能"的人，却有积聚万江之力。

有些管理者可能认为领导是最权威的，只有按照领导的意思去做才是正确的。但久而久之，这些领导就会培养出一些不会思考、不会创新的员工。这样一来，可想而知，企业中所有的智慧全在领导的脑子里，所有的错误也在这里产生了。企业需要创新，却没有人可以肩负起创新的重任。一直都是领导一个人在单枪匹马地干，而其他人的建议通常被认为是这不对、那不对，这种现象是很多企业的通病。

有些管理者看到这里可能会问，难道让我这个"能人"变成"庸人"？当然不是。领导者只有能力更强，才能带领员工一直向前，才能有更多的追随者。

不做能人并不表示无能。第一，能力越强，个人对企业的贡献越大；第二，企业是每个员工的，人人有份；第三，企业的发展需要发挥全员的智慧。这时候，需要"能人"先慢一步。

意思就是领导者在培养员工的时候，需要给员工思考、成长的时间和机会，不能一味地将自己的经验强加给员工。

首先，领导者应该鼓励员工为企业出谋划策。如果一个刚刚入职不久的员工发现公司有一些需要改进的地方，苦思冥想为企业出谋划策，不管效果如何，领导者首先需要对该员工给予肯定、表扬和鼓励，因为这一腔热情和一份主动是绝不能抹杀的。尤其是员工初到公司时，如果领导者不能给予肯定，很容易影响员工的工作积极性，两次以后，员工便开始本能地不再思考了，这段时期是培养员工归属感的最好时期。

之后，我们再来看看建议的合理性。通常，针对员工的建议，我会分成两种情况，一种是危险性的，一种是安全性的。如果员工的建议带有危险性，有可能给生产、安全、制度带来负面作用，我们可以在表扬之后，说明无法采用的理由。如果员工提出的方案或建议合理，但对公司没有危害，只是可能不好实施，就支持他去做。一方面，领导者觉得不好实施，也许让他做就不一样，因为资源不同，路径不同，视角不同，结果可能真的不同；另一方面，被领导支持和表扬，员工就会带着这股热情去实施，如果在实施的过程中出现了问题，不能继续了，我想带着这种热忱的员工，一定会继续开动脑筋，积极思考其他的办法。

如果每位领导者都能做到这些，就会为公司营造一种鼓励创新和思考的氛围。慢慢地，大家都会集思广益，企业发展成了每个人的责任，最主要的是，员工在实践中得到了成长，领导再也不会单枪匹马了。

一切其实很简单。

人是环境和关系的产物

企业管理是一门艺术，领导工作也是一门艺术。艺术，顾名思义，带有创造性，并且能让人身心愉悦的东西都可以被称为艺术。所有的艺术都需要花些时间，动些脑筋，即使是浑然天成，也通常是与常规有所不同的。

有位管理大师曾经说过"人是环境和关系的产物"，这句话对我的启发很大。

没有经过社会化的人，不是真正的人。在印度，一个小婴儿被狼抚养长大，20 岁左右被人发现并被救助回家，人们发现这个狼孩目光凶狠，虎牙突出，身上的毛发多于正常人，经常晚上活动，通过测试，他夜间的视力要好于白天，不会直立行走，而是用四肢奔跑。没有语言，只有嚎叫，而且很怕人。之后社会学家、心理学家、医学家等试图用各种各样的方法对他进行改变。不到 3 个月，狼孩死亡了。后来，关于狼孩是不是人，学术界产生了争论，最后，人的定义被加上了一条，那就是必须经过社会化。

之所以说到了狼孩，是要说明一个道理，人只有在社会环境中，才能得到语言和角色的锻炼，只有在社会关系中，人才会适应文化，才会使能力得到训练和提升。我们的很多成长都是在社会中实现的。

　　企业是培养员工的环境，企业即是平台。如果管理者有了一家企业，有了一个部门，就说这是员工的平台，我不认同。因为这个平台一定是培养员工的舞台，一定是员工发展的舞台，一定是员工成长后的讲台，它同样也一定是检验员工能力的赛台。只有具备这四个标准，我们才能说管理者所在的部门或所在的企业是平台。平台不是天然存在的，平台是管理者建立起来的，全员展现自我的地方。平台充分展示了人是环境和关系的产物，人是被环境和关系塑造出来的。

　　营造环境的要点是，企业高层一定要明白原理和思路，在实际操作中，一定要让基层、中层管理者积极参与，基层、中层管理者是最贴近全员的，只有把这个层面的管理工作落到实处，人才会被激活。

活力被激发

　　很多城市里都能看到一道风景，最早还有很多人围观，后来大家见得多了，就变成了一种常态，驻足围观的人就越来越少。这就是很多大型美容美发中心或健身中心，上班之前，员工都会在店门前做早操。开始只是少数发廊，慢慢地，更多的美容院也开始效仿。有些人觉得这是哗众取宠，有些人觉得这是在扰民。扰民肯定谈不上，因为美容美发中心很多都是 10 点以后才会上班。我觉得这种方式很好。

　　商家为什么要搞这些活动？我认为基本上有两个原因。

　　1. 宣传的功能。间接地告诉街坊四邻，我们经营得很好，所有办卡的客户不要担心。这个功能特别重要。试问，一个企业如果快倒闭了，哪有工夫出来跳舞唱歌呢？在这里办卡的客户，心里会比较踏实。而那些想尝试办卡的客户，也不会害怕交了钱之后店家跑掉。这是对客户的心理战术。这对今天的市场尤其重要，店家拼命地卖卡，但有些无良商家卖了卡以后，有可能就突然人去楼空。所以每天跳跳唱唱，在心理上，客户慢慢地就开始不设防了。

2. 激活员工活力。这些商家明白一个道理，员工上班以后不可能马上进入工作状态，那如何才能让员工的状态更好呢？用肢体的运动调整情绪和状态。肢体运动其实是调整状态的好方式。我曾经走访过北京一家知名的汽车企业，每天早上都会组织员工跑步、做操，员工们会在运动中将自己的精神提起来。而美容美发院就是通过团队的运动，调整员工的肢体，通过肢体反应的刺激，调整人的状态，可以让员工更长时间保持愉悦，或者更快地进入工作状态。

这就是活力被激活的现实体验。对于企业而言，其实我们也可以依据我们的自身条件加以借鉴。如果企业是劳动密集型的企业，完全可以采用刚才所说的美容美发院跳舞唱歌的方式。如果条件有限，也可以采用其他方式，比如，一个早会就可以解决这个问题。

早会的作用这么大吗？的确如此。现在很多企业都会采用早会的形式。我在业务部门工作的时候，每天早上都会开早会。由于是每天约定俗成的工作要求，并不觉得有什么，但现在想想，早会的作用的确很大。

当时的早会很简单，就是领导带着员工一起朗读公司训导，然后就分小组开会。我当上经理之后，将早会做了一些改良。之前的早会由于没什么新鲜感，而且人很多，尤其是坐在后边的人基本已经是人在心不在了。我想，早会的目的其实是让大家快速进入工作状态，而且保持好心情。于是我和几个同事编排了一套早会操，既可以朗读公司训导，又可以活动身体。刚开始的时候，大家有些不习惯，但慢慢地，大家的积极性就被调动起来了，后来，公司还将同事们自创的几套操进行了评选，评出一套大家都认可的操作为早会的必备活动。最让人意外的是，在早操的改良过程中，我发现了很多多才多艺的同事，以前很少在团队中说话的几个同事也参与进来，一起出谋划策，这次小小的改良活动几乎是动员了全体员工的力量，而且过程中没有任何命令，都是大家自发的。

早会的形式可以是多种多样的，但目的只有一个，就是调节情绪和状态。人的情绪和状态一旦被激活，我们再将今天的工作任务和工作项目传达给大家，员工们接受起来会更容易。

当然，有些企业工作环境和条件可能会比较严谨，不能够采用这些太过活泼的早会形式，但是只要达到调整员工状态的目的，任何形式的早会都可以。比如，早会可以成为一个分享会，将昨天的好人好事，与大家进行分享；早会还可以是一个读书会、交流会、鼓舞会、动员会等，都可能会带来意想不到的效果。

责任心被激发

现在很多人都爱说换位思考，意思就是人不能只考虑自己的感受，还要站在对方的位置上体会一下对方的心情。一个不考虑别人感受的人的行为很容易让别人不舒服。老师和学生之间、夫妻之间、管理者和被管理者之间都需要换位思考。比如，很多人都知道培训师这个行业很风光。站在台上几个小时，就比有些人干一个月挣得钱还多，但这风光背后的辛苦却只有自己知道。然而，想让人抛开自己的位置，设身处地地为别人着想，真的是很难。企业中同样如此，员工不理解领导，领导也不理解员工。

红军长征的四渡赤水时期，一渡的时候，战士中有一些怨言，后来的二渡、三渡、四渡，战士们的心情可想而知。但毛泽东同志消除了全军的疑虑。毛泽东说道："由于敌强我弱，军情瞬息万变，胜负往往系于千钧一发之际。为了有把握地求得胜利，我们必须寻求有利的时机与地区去消灭敌人，在不利的条件下我们应拒绝那种冒险的没有把握的战斗。因此，必须经常地转移作战地区，有时向东、有时向西、有时走大路、有时走小路、有时走新路、有时走老路，而唯一的目的是为了在有利条件下求得作战的胜利。"（摘自：中国共产党新闻网，作者：倪良端，《解密毛泽东长征在川南痛失爱女始末》）战士们得到鼓舞，明白了红军四渡赤水的意义，认识到了自己肩负的重大责任，战斗力十足。

所以，一个出色的领导者必须能让员工有了解全局的考虑和付出。那么在实际工作中，领导者就应该通过一些管理动作做到与员工换位思考。

可能有的人会误认为换位思考是让员工做管理者的事情，其实并非如此，一个轮值工作，就可以解答这个问题。

轮值这个词大家应该并不陌生，原来是指员工在晋升道路上，要适应和了解企业中的不同岗位的工作和流程，做全能选手。企业会安排一些有潜力的员工在其他部门挂职工作，这个部门工作几个月，那个部门工作几个月，几年下来，就会对企业的各个部门都有所了解。其实在团队管理过程中，轮值还可以有其他的形式。

有些团队的领导者，习惯性地事无巨细地将团队中所有的工作都揽到自己身上，不能说这种领导者不好，但可以肯定，当一个人面对复杂的管理工作，每件事都要亲力亲为的时候，肯定没有时间思考，而且每件事都要自己从头管到尾，因此未必能做得尽善尽美。

　　其实，领导者的工作只有两件事：一件事是非自己做不可的事，如果别人做，由于不了解事件的全过程，或者因为无法决策，可能会耽误更多的时间，也可能会出错，不能授权；另一件事是完全可以让别人或下属去做，不但没有任何风险，还可以锻炼其他人的能力，很可能别人做得比自己做得更专业。这就需要领导者自己首先要学会思考，将自己的工作进行细分，比如上面谈的早会就完全可以划分到非领导者必干的工作事务中。

　　经过多次实践观察，我们发现一个现象，就是**人在台上的表现一定会好于在台下的表现，或者说，人在备受瞩目下的表现会好于不被人注视的表现**。这又是一个心理学现象，即当人成为公众人物的时候，或多或少希望给别人留下更好的印象。还以早会为例，一个平时很少说话的人，如果有一天，领导把主持早会的任务交给他的时候，他也会精心准备发言稿，也会一本正经地希望大家能专心地听他讲话。这说明什么？除了紧张，还多了一份主动和认真。这个早会一定是他经过精心准备的，而且希望给大家留下更深刻的印象。这个过程本身就是一个训练提升自我的过程。

　　领导者眼中的"笨员工"，如果给他足够的展示机会，有可能就会成为群众眼中的明星。例如一般的技术培训会，一些技术创新恳谈会等，都可以让更多的员工成为主角。

当然，不管我们交给员工什么工作，事前一定要将目标和意义阐述清楚。例如，我在早会前就和主持人说明了早会的目的只有三个：

1. 积极快乐；

2. 全员参与；

3. 分享昨天的工作心得和今天的工作目标。

每一段时间的早会都可以授权让不同的员工来策划主持，每个人都会积极地想办法，早会被创新了。

再如，部门内部的培训会议可以交给一部分业务能力强的老同志去做，效果也非常好。这本身就是对老同志在企业的工作表现的一种认可。

轮值体验的目的，就是让每个坐到这个位置上的人都能体会到这个位置上的辛苦，激发工作的责任心。

可能有人会担心，如果交代员工去主持一个会议，他拒绝或抗拒怎么办呢？这个问题，我认为从两方面回答：

第一，如果连领导交代的任务都不去完成，还有什么工作能让这个人去做呢？

第二，为了营造道场和环境，我们可以先选择一些积极要求进步的人，然后再慢慢发展到其他员工，积极主动的环境就会自然而然地形成。

对基层管理者实施轮值工作，一定要给员工制定规则和要求，不要害怕员工干不好，多用"加油""很好""还可以做得更好"等词语去赞美员工的每一次付出和进步。对能在创新上下功夫的员工，更要提出表扬，并给他提供更多的分享机会。这样，员工在轮值的过程中，领导者还能发现团队中更多的"能人"。

　　我们会发现，在轮值工作大量开展的同时，我们会多了一些"管理者"，多了一些"推动者"，多了一些"创新者"，多了一些"监督者"，而责任心也被成功激发。

荣辱心在竞赛中被激发

心理学家说，要想让一个人不舒服，其实很简单，只要让他和其他人比一比就行了。是的，很多人的幸福感是比出来的，当我比你强的时候，幸福感就油然而生。做父母的人应该最有经验，孩子考试成绩 95 分，本来是一个很不错的成绩，但如果得知班里大部分同学都考了 95 分以上，父母原本的幸福感就会一扫而光。

现在，很多企业已经引入竞赛机制。我曾经走访过部分没有开展竞赛的企业，他们之所以不开展竞赛的原因很简单，很多领导者表面上说是因为体制、历史等很多遗留问题，企业不适合竞赛，但真实原因是害怕。有些领导者认为之前企业人际关系很好，很多都是企业的老员工，流动率不高，他们害怕一旦引入竞赛机制，很可能会影响团队的团结和稳定。所以，领导者认为，只要有绩效考核就行了，竞赛只适合工作以外的活动。

这其实是在观念上出现了误区。我们先从一个没有竞赛的企业说起。如果一个企业没有任何内部竞赛，是看不出员工水平好坏的。既然没有评比，没有竞赛，那么所有员工的能力、技术水平、绩效，不论高低都会获得一样的待遇。如果一个团队中，绩效高的和绩效低的结果一样，久而久之，原本干得出色的人一定会有两个结果，离开或向下看齐。对于企业而言，同样会得一种"病"，那就是集体惰性。长此以往，这家企业根本留不住优秀的人。

有些企业错误地认为，员工离职是因为工资太低的缘故，于是就一个劲儿地涨工资。但这样一来，企业中很多干了几十年的老员工的薪水比一个刚入行的员工的薪水还少，老员工心里更不平衡，索性出工不出力，甚至将企业也弄得乌烟瘴气、人浮于事。新员工也因此而受到排挤，最终还是留不住。这就成为企业的一种恶性循环，而问题的症结正是企业没有开展健康良性的竞争机制。

竞赛虽然会带来冲突，但我们有没有想过，没有竞赛，闲能生事，鸡毛蒜皮的事情就会更多。

记得曾经看过一个小故事，故事里面说的是一个准女婿到未来岳父家里做客，未来岳父趁着女儿不在，就问准女婿："你喜欢看田径比赛吗？"小伙子说不喜欢。未来岳父又问："你喜欢看竞技类的电视节目吗？"小伙子回答说从来不看。未来岳父又问："你喜欢看搏击赛吗？"小伙子回答，这些比赛类的节目他都不喜欢看。小伙子走后，父亲告诉女儿，不能把她嫁给这个小伙子。女儿不解，父亲说，这个小伙子对任何竞技类的比赛都没有兴趣，一个不愿意参加竞技的人，一定是内心胆小、懦弱、没有冲劲的人。

这个故事也许太武断，但我们可以想象，一个人要在社会上立足，也的确需要一些冲劲，需要一些干劲，并且敢于参与竞争。竞技是人的天性，敢于竞技也是一种能力。

企业同样需要敢于竞技的人。

企业中什么可以设置竞赛呢？其实什么都可以进行比赛，新技能可以竞赛，业务技术可以竞赛，班组清洁可以竞赛，安全意识可以竞赛，节约能源可以竞赛，服务礼仪可以竞赛，业绩评优可以竞赛，企业增员可以竞赛……只要能想到的都可以拿出来赛一赛。

一方面，竞争意识是人的天性。从幼儿园开始，我们就应该体会到，很多小朋友在家吃得不多，而且挑食，一到幼儿园和小朋友比着吃的时候，平时不愿意吃的胡萝卜也开始吃得津津有味了，为什么？其实很简单，老师说了哪一组吃得又快又好，就有小奖励。等孩子们到了中学，一个很普通的活动，只要搬到赛场上，就会多了一种乐趣，为什么？有观众了，可以展示了。再后来，进入企业工作，每个人都憋着劲儿展开竞争，谁心里也不服输，为什么呢？因为每个人都不愿意比别人差。所以，人是愿意竞赛的，只是要看企业是否能够通过科学合理的竞赛活动激发出每个人的潜力。

另一方面，企业花大量人力物力对员工进行培训，可能仅仅一个服务的标准化，就会花去企业培训部的大量时间，但常常是培训结束，效果却不明显。如果引入竞赛，企业完全可以在培训后，开展一个比武练兵大赛，就比这些基本功，就比对服务标准化的掌握情况。开展竞赛，可以激活员工内心深处的竞争意识，以前在培训中不容易消化的内容，大家也开始自发学习了，谁都不愿意成为拖团队后腿的人。这些原本枯燥的培训课，增加了培训后的竞赛活动，不仅可以检验员工对知识的掌握程度，还能够大大提高大家的积极性，激发员工的培训热情和工作干劲。在管理中，这种方法叫"以赛代练"。对管理者而言，竞赛还能了解员工对业务的实际掌握情况，两全其美。

优秀的企业一定是赛出来的，优秀的员工也一定是赛出来的。我走访的很多企业，经常通过竞赛涌现出一些精英，这种形式不但让精英证明了自己的能力，还能带动更多人向精英学习。竞赛的氛围一旦形成，团队中就不会再有不和谐、人浮于事的现象，取而代之的，是那种你争我比、不甘落后、热火朝天的场面。通过竞赛，企业涌现出一个又一个标兵、能手、龙虎团队，团队的热情和凝聚力高涨。通过竞赛，员工也会看到彼此的差距，这种差距可能在态度上，可能在技巧上，也可能在能力上，这也给管理者提供了日后让员工之间相互学习的机会。

目标感被激发

当人进入一个陌生的企业，要想迅速消除陌生感，最快的办法就是加入一个团队，找到朋友。但人往往会本能地向这个企业中影响力最大的群体或个人靠拢。而这些影响力最大的群体或个人，未必是企业需要弘扬的正能量的象征。作为企业管理者、领导者，要学会在队伍中"结对子"，就是将至少两个人连在一起。这是学习和促进的好方式。

团队管理中可以经常采用"1 帮 1"的活动：一种技能，新员工掌握不好，1 帮 1，让老师傅带一带；一个流程不能内化，1 帮 1，让有经验的师傅教一教；一个安全隐患，大家没有足够的重视，1 帮 1，让曾经经历过的老师傅现身说法，让更多人引以为戒。团队只有开展了团队协作和互助活动，成员成长才是最快的。

人一旦融入了组织，就会本能地开始奉献，这是人的心理反应机制。在培训课上，我们经常采用分组式的学习方式，学习氛围非常好。在分组的过程中，老师经常提出一些问题和案例，引发各组的讨论，并进行竞赛。在讨论的过程中，我经常会发现，之前上课的时候默默无闻的学员，好像变了一个人一样，在分组讨论的过程中，非常主动和投入，有人为小组出谋划策，有人为小组不遗余力。当我们了解了这些人性特点之后，在团队实施目标的过程中，我们可以在原有的部门中，通过指派或者自发地形成一些互助小组，可以是师傅带徒弟，也可以是男女搭配，还可以是一些技术上的能手带一些技术不熟练的员工，这样一来，不但能促进团队的和谐，改善人际关系，还可以在互助会中，通过"1帮1"的方式提高整个团队的绩效。而且在心理学中，心理学家发现，当一个人在他人在场或与他人一起工作的时候，行为效率会提高，而且，人性中的那种竞争意识和被评价意识马上就会得到唤醒。

结对子的形式可以不拘一格，可以是"1对1"，也可以是"1对2"。现在很多生产型的企业也经常是老师傅带新徒弟。当然，在很多项目中，我们可以将不同特长的人组织在一起，取长补短，这也是一种好方式。这种结对子的方式能更好更快地将一些技术、经验、知识迅速传播，在一起学，在一起练，在一起思考，在一起成长，最后一起掌握。

在实际实施过程中，我们也可以按照技术的掌握程度结对子，按照性格结对子，按照兴趣爱好结对子，按照性别不同结对子，按照特长结对子等，总之，结对子的核心目的就是迅速成长，取长补短。

公平感被激发

人性中有一个特点，**我们每天都会有意无意地去评价别人。**在单位，一位同事穿了一件新衣服，我们愿意去评价这件衣服；一个新政策出台，员工愿意去评价这个政策。我们每个人都愿意去评价别人，我们评论别人的时候，经常带着自己的认知视角去评价，所以这些评价经常带有主观色彩。

有些企业认为，既然人性有这个弱点，那么最好不让员工开口。一些发奖、评比、政策的制定，通常由管理层的几个人投票，直接拍板。但是这样一来，员工反而更不满意。原本公认的模范和标兵，被领导们评出来，却得不到基层的认可。原本已经很亲民的制度，却得不到大家的遵守。问题到底出在哪里？

其实原因很简单，因为大家没有获得参与感，因为只有参与，才会感到公平。同样一个评选项目，领导评选出来的和员工们一起评选出来的不是一回事。即使结果一样，但因为员工没有参与感，就不会产生公平感。这种相对的公平来自于参与。只有员工有了参与感，才能获得归属感。有了参与感，评出的任何结果，员工都会倍加认可。如果评出的是先进人物的话，大家一定是拥护的。

人有两面，一面天使，一面魔鬼，因此，人的大脑里都有两个"我"。"我"在不同的环境和关系中被激发，哪个"我"被刺激得更大，就会表现出哪个"我"代表的行为。我们会清楚地发现，"天使的我"在公开公正公平的环境中，更容易被激发出来。而一旦没有了监督，不在公众的视线之下，很多人呈现的都将是"魔鬼的我"。这个意思其实是说，人在公众前的表现一定要好于没人注视、没人监督的情况，至少我们每个人都愿意在别人面前展示那个好的我。管理者可以对此加以利用。那就是敢于让员工说话，敢于让员工在公开场合评价他人。因为我们知道，越不让员工参与，越不让员工公开评价和说话，员工在私底下越是展现更多的"魔鬼的我"。

了解了人性特点之后，该如何展现评议？那就是大家参与，大家评，公开说话，公开讲。只要可以，管理者应该允许每一项评比都可以用集体参与的方式进行。

具体的操作很简单，大家共同参与评选即可。集体的事情，一定要充分体现群众的力量。举一个例子，每到年底，某企业就要在某项技术方面评选出第一名，这个第一名，可能是集体，也可能是个人。首先需要将参评人或组的条件公示，告诉大家什么条件才能入围。当我们有了入围条件以后，其实每个人心里都有一个标准，都有一个自己评定的第一名。假设小王心里的第一名个人是张师傅，团队是第六组，如果不让他去参与评选，只要不是张师傅，只要不是第六组，每一个评选出来的结果，小王都会认为不公平。当然，每一个"小王"心中都有一个标准答案。

群众的眼睛是雪亮的，让全员参与，去评比，去评价。这样，不论结果怎么样，每个人的感受一定是公平的，而且，在公开评价中，一定要阐述评价的理由，因为所有人的评价都基于自己主观的观察，都有可能带有局限性和个人色彩。全员参与，可以增加看待事物的完整性，而且评价和陈述理由的过程就是一个找差距的过程。我认为老张最优秀，但有人认为老李应该拿这个奖，有人就会在心里衡量，到底老张和老李差在哪里？这样，我们一个评比将会引发每个人的思考。评价以后，大家就会看到他们身上更多的闪光点，这本身就是一个学习和强化的过程。即使评选结果和原本小王预测的结果不一样，但由于小王参与了，小王也会感觉到结果的公平性。

其实工作中能进行评选的项目很多，工作标兵可以评，学习能手可以评，创新改良可以评，业绩可以评，客户满意度可以评，培训效果可以评，客户投诉率也可以评，就连乐于助人都可以评。很多非业绩的软性指标都可以拿来参评。而且评选过程是公开透明的，这样一来，我们不但让大家参与了评价，获得了公平感，而且还通过评比，让每个人找到了与他人的差距。团队中每一项评比只有产生于全员，才会得到更多的认同，而员工的公平感也会被瞬间激发出来。

自豪感被激发

对企业而言，荣誉一定是越多越好。

领导这个岗位一旦干长了，见得多了，同样也会养成一些"毛病"，那就是看下属都会带着一副"有色眼镜"，总是用挑错的眼光去看待员工。有的领导和员工接触多了，就不容易看到员工身上的优点了，总会用一句话形容员工：他（她）毛病太多了。

领导者需要自我警醒，当我们发现不了员工身上的优点时，就会侧重于挑错；领导者一旦开始挑错，员工也就开始得不到认同感。所以，聪明的领导者应该学会多给员工荣誉，因为荣誉本身就是对员工正面的激励和肯定。

任何脱离人性特点的管理，都不是好管理。一个好的管理者要学会因材施教，一定要多给员工荣誉感。

这里所指的荣誉包括什么？业绩可以，服务流程标兵可以，全勤可以，客户满意度可以，助人为乐也可以。我们能想到的任何阳光积极正面的事情都可以作为荣誉给员工。荣誉谁来评？一定是全员评，员工评，大家评。荣誉一旦给了员工，这一定是组织对员工正面积极行为的认可，人一旦被认可，一定会用更高的标准要求自己。

荣誉也要颁奖，颁奖是有原则的。什么原则？**"放礼花"原则**。大家想必都见过放礼花，礼花一定是又高又响，因为只有这样，才会让更多的人看得到，才会让更多的人受触动、受鼓舞。颁奖和放礼花其实是一个原理，也要求又高又响。放礼花的目的是烘托喜庆气氛，是一种仪式。颁奖和荣誉机制一样，都是一种仪式的载体。

荣誉一定要让更多的人知道，为什么？给员工发奖其实有两个作用：

1. 表扬当事人，对当事人的行为和表现做一个正面的表扬，这是一种强化，对"好"的强化；

2. 希望更多的员工向这些优秀员工学习。

有些领导给员工发奖，要求获奖的员工守口如瓶，不能让其他员工知道。我们可以理解，这种做法是在努力避免让没有得到奖励的员二感到不公平，毕竟领奖的是少数，管理者害怕这样可能会造成不和谐，导致员工关系紧张，更有甚者，很可能会由于心理不平衡而打压那些获奖的员工，最终，谁都不高兴。但我们有没有想过，这样的"偷偷摸摸"，不但不能鼓励当事人，更没有起到激励身边同事的作用。所以，管理者应该学会放礼花式的奖励方式。只要奖是大家评出来的，一定会相对公平。这样一来，我们不但对企业需要弘扬的正面力量给予表彰鼓励和正面强化，在发奖的同时，还能激励身边的同事，让更多的人感受到荣誉的可贵。

但领导者可能会面临一个问题，一旦被大家评出来的某位同事与领导者心目中的荣誉获得者有冲突，或者领导者认为被选出来的人并不具备获奖资格怎么办。这里提供两点建议：

第一，只要符合参选规则和出自全员的评选结果一定是真实可信的，要尊重，要承认；

第二，即使在领导者眼中，也许被选出的优胜者离领导者心中的标准有差距，其实也没什么，因为一旦获得了荣誉，人一定会向更高的目标前进，即使离标准还有差距，获奖者今后的表现也一定会越来越好。

所以，我们看，一个荣誉激励，还具有拉高标准的作用。

还有一点要强调，荣誉激励之后的两个管理动作也很重要。第一就是发奖。这个奖由谁来发？一定是这个部门，这个班组，这个组织能出席的最高领导者来发。这会体现荣誉的组织认可和领导的高度重视。所以只要是评奖了，给员工荣誉了，一定要领导者亲自出席颁发奖励，这样才会让获奖人体会到无限的荣耀和自豪感。第二，很多企业都有光荣榜，就是将获奖人员的照片连同奖项名称，公布于众，让更多的人看到。大家最熟悉的就是银行大堂里，基本都有这种形式，比如本月标兵、服务标兵等，获奖者的照片也会贴在上面，很显眼。这种形式非常好，是再次强化和再次让荣誉者内化自己行为的好方式。

另外，这个照片应该让谁去贴？不是人力资源部，不是宣传部，也不应该是部门经理去贴，一定要让这个获奖者亲自贴。因为只有亲手去贴，才会让获奖人更在意。每当看到自己的照片时，才会一次又一次地强化自己的行为和表现，以期待更好的公众形象。这才是荣誉的作用。

什么可以作为荣誉评选？只要是符合社会和组织的价值观的，任何东西都可以作为荣誉进行评选，业绩可以，礼仪可以，生产绝活可以，助人为乐可以，质量创优可以，原料节约可以，技术创新可以，点子大王可以，培训满意度可以……荣誉越多越好。

而且，荣誉也是留住优秀员工很好的方式。一个员工，拉开抽屉以后，如果是满满的荣誉证书、奖状，即使跳槽的时候，也会思量一下，这些都是企业对自己的认可，也代表了自己在企业中获得的成长，如果换一家企业，所有的荣誉都会归零，他们也会思考一下这是否值得。这就是荣誉的作用。

总而言之，领导者管理企业一定不要吝啬给员工荣誉，这种荣誉可以是金钱的奖励，也可以是精神层面的奖励，不管怎样，这些荣誉都能强化员工的正向行为。

快乐被激发

　　每个人都愿意表达自己的意愿和想法，在管理中，这种表达叫作分享。分享也是每个人在团队中的共同需求。我曾参加过很多培训班的学习，我觉得课后如果能有一个交流分享会，让员工将几天培训课中学到的知识分享一下，是对学习内容最好的巩固方式。而且，分享的同时，还可以说一说，将知识进行转化的步骤，你说两句，我说两句，知识就在交流中转化成了生产力。除此以外，每当一个员工将心里想说的话说出来时，他的心里就会有一种快乐的感觉。

　　其实我们完全可以在管理中将分享变成一种管理激励机制，加以充分利用。

　　既然"说"是每个人的愿望，那我们就尽量在管理中满足员工说一说的想法。在工作中，如果员工有了一些突出的表现，被评为先进或标杆，那么我们可以让他将这些优秀的经验与大家分享一下，这种方式不但强化了获奖人的行为，还满足了他表达的需求，而且在他分享的同时，更多的人看到了他身上的闪光点。

　　有些领导则不然，在给员工开庆功会的时候，领导者滔滔不绝地介绍个没完，真正被表彰者却没有机会发言，领导者剥夺了他分享的权利。**分享其实是最低成本的快乐体验。**一定要让当事人感受表达的快乐。

这种分享激励机制可以无处不在。学习交流可以分享，晚会可以分享，民主生活会可以分享，案例可以分享，正式非正式的会议都可以分享。分享的越多，人就会越快乐。

现在，很多企业都在关注一种新事物——互联网思维。近几年，网络的地位越来越重要了，人不带钱包可以出门，但如果不带手机，或者去的地方没有网络，人们可能都不知道自己该干什么。我们为什么突然之间这么爱上网？互联网里到底有什么？

互联网里有快乐。其实，互联网的核心思路就四个字——分享快乐。我们可以随时随地分享，我们可以分享我们的心情、表情、我们身边的人和事，任何事情都可以分享，人人都是我的粉丝，我也是人人的粉丝。

分享是人类的基本需求，互联网也是基于分享的人性需求产生的。企业同样要让员工分享。随便分享吗？不，一定要将那些好人好事、先进的团队和个人事迹、老员工的丰富经验公开地分享，分享他们成功的经验，分享他们的快乐。这样不但使当事人有了快乐体验，其他的人还可以向他们学习和借鉴经验。而且当这些分享的嘉宾就是我身边的同事、朋友时，我们更乐于接受，乐于接纳，还可以迅速产生思考，找到差距。

爱心在感恩机制中被激发

现代社会发展越来越快，即使不出门，我们也可以通过一些网络工具，解决自己的衣食住行。但我们会发现，人与人之间的关系，并不是越来越近，反而感觉越来越远了。

与几个同龄人聊天，大家普遍感觉现在的年轻人比我们那时候"冷"，就是不会感恩。我们这个年龄的人，小时候就懂得考虑别人的感受，常常怕给别人添麻烦，一旦别人帮了自己，一定要找机会答谢别人，即使不"回礼"，嘴上也必须跟得上"谢谢"两字，我们认为这叫礼尚往来。可现在的年轻人，获得了几代人的爱，却并不知道如何表达感恩之心。

很多企业领导认为自己付出了很多，但员工并不懂得感恩。领导觉得这样不行，所以经常请老师给员工讲感恩。员工也不错，听课的时候眼泪汪汪的，但回到现实工作中，反而变本加厉地不懂感恩。感恩其实是一个社会话题，问题在于知道感恩，要有一个适合感恩和感受到爱的环境。

懂得感恩，这需要从小培养。作为孩子的父母，应该怎样让孩子知道如何感恩父母的爱和养育之恩呢？我觉得其实很简单，不用讲大道理，先从感恩的动作开始培养。比如孩子小的时候，每次爸爸妈妈下班回到家，我们不用告诉孩子为什么，只需要和孩子说，妈妈工作很累，给宝宝一个要求，每天妈妈回家以后，希望宝宝都给妈妈拿拖鞋过来，或者说，爸爸工作很忙，每次爸爸回家以后，宝宝能不能帮爸爸将公文包接过来，诸如此类。时间一长，孩子养成了习惯，他就会主动地帮爸爸妈妈做一些事，体会爸爸妈妈的辛苦。

有些父母认为，现在的孩子平时上学已经很累了，所以回家以后一般不让孩子干家务，认为这样可以为孩子减轻一些负担，但是，我却不这么看。孩子是家庭的一员，一些小小的家务劳动，不仅是对孩子作为家庭成员的肯定，更可以培养孩子的责任心。

有些家长允许孩子做简单的家务，但是却规定，孩子在家里扫一次地 10 元，擦一次桌子 5 元，倒一次垃圾 20 元……还说这是国外的教育方式。这种做法并不值得推崇，如果真是这样，那以后，父母病了，带父母去一次医院是不是要给 100 元？长大了以后，回一次娘家要给 200 元？这都是错误的教育方式，孩子们会从小就将所有的付出和劳动变成一种交易，而这些付出原本就是分内的事情，应该承担的事情。在家庭的错误引导下，孩子从小就将一些分内的事情变成交易的一部分，当然，就更不用想分外的了。

　　不会感恩和过于冷漠导致人们更不愿意帮助别人。以前的一个同事对我说，之前坐公交车总是给一些老弱病残孕让座，但后来不愿意这么做了，原因很简单，因为有些人被让座了，但连一声谢谢都不会说，她觉得自己没有得到相应的"回报"。所以我们可以总结，有一部分人不愿意帮助别人，可能是因为曾经帮了别人，却没有得到相应的感恩或回报。

　　人是环境和关系的产物。在企业里，我们需要营造一种感恩的环境。只有在感恩的环境中，员工才能看到自己成长路上的"贵人"。刚来公司的时候，我什么都不会，是谁和我说了第一句话，让我免除了新环境下的尴尬；是谁在我工作中遇到问题的时候，伸出援手，帮我指点迷津；是谁在我生活最困难的时候，提供了无私的帮助，让我渡过难关；是谁在我上班身体不舒服的时候，端来了一杯热水……这些不但是数据，更是素材。每个人在企业中，都不会独立存在，我们获得的成就，离不开其他人的协同、提携、合作、帮助。这些人包括领导、同事和下级。

　　我们只有学会观察，才会懂得感恩。你的进步靠的不仅仅是个人的努力。企业应该能够形成一种氛围，让帮助别人的人更愿意继续帮助别人，让被别人帮助过的人，也能将这种助人的力量传递下去。所以，企业应该有一些正式的或非正式的感恩仪式。

　　我曾和一位南方企业老板交流过，他的企业人数不多，但营业额不低，有三成原因归功于这个企业中涌现的一个业务能手。这个业务能手，由于个人关系过硬、业务能力强，经常会为企业拿到一些大单子。久而久之，他开始对同事指手画脚，而且有时候连老板也不放在眼里，好像没他不行了。时间一长，企业里的其他人就感觉有些不平衡了。其实大家都明白，销售的付出肯定多，回报也多，这无可厚非，但一个单子的成交背后需要无数的计划、行政、生产、配货、物流、服务的协作和配合，而这个业务能手本人根本没有意识到这些。慢慢地，其他同事开始疏远他了，有的部门也不像以前那样配合他了。时间一长，这个业务能手也开始有所察觉，工作越来越不痛快，他索性向领导反映并提出了离职。老板哪里肯同意？不但给他提高奖金，还给他加了一个销售总监的职务。意想不到的事情发生了，自从这个销售总监上台以后，其他同事一个接一个地离职了。最后可想而知，这个销售总监也离开了。

　　其实我们可以思考，这个问题很简单，如果从开始的时候，企业就提供定期的分享会，让销售能手分享一些自己的成功经验，这样，一来可以带动更多的人；二来，可以让销售能手在分享会中反思一下，成功的背后还有谁在付出和努力，在签单的整个过程中，其他同事提供了哪些帮助。如此，不但表扬了销售能手对业绩的贡献，而且还让他看到了业绩背后更多人就兢业业的付出。

从分享会到感恩会，不但是对获奖者的嘉奖，更是对之前帮助过他的人的一个正面激励和强化，可以让帮助人的人更愿意帮助人，让获得帮助的人传递这种帮助，这是一份爱的力量。我们会发现，当一个人需要帮助的时候，会有更多的人伸出援手，这才是真正的和谐。

以上 8 种管理激励方法或者 8 种日常化的管理动作，其实还可以延伸得更深、更广，变成 10 种甚至 20 种。乍听起来很简单，但我们会发现，这些管理机制，有一些共同的特点：

第一，符合人性需求。我们要理解，任何管理手段都必须在人性的基础上实施，任何有悖于人性的管理都一定是伪科学，短效，不能长久，更不会激活员工的意愿；

第二，这些管理方法符合赫兹伯格的双因素理论，都是日常管理动作，不是单纯的物质激励，是在管理动作上做文章，激活员工的意愿和行为；

第三，这些管理激励办法，简单易学，并且易于操作，直接的目的是通过营造环境激活人的行为。

但在操作层面上，经过大量的实践，我要提出几点建议：

首先，有些读者可能会说，这些东西并不新鲜，有些管理者以前也曾用过这些方法，但效果不好。要知道，任何单一的管理动作和方法，都不会有效。在日常经营中，有些管理者只强调某一种方法和技巧的有效性是行不通的。这就和中医开药方一样，一个药方开出来以后，往往是几种中药配伍才会成方。为什么？中医讲究的是平衡，需要互相作用，最终的目的是阴阳平衡。管理上也是一样，我们需要的是统合增效，一同使用才能营造环境和氛围。

其次，企业中的高层管理者必须理解原理和理念，支持中基层管理者使用这些方法，只有企业中基层管理者运用这些机制，改变管理的动作，并显现在日常化的管理中，才会达到激活员工的效果。

最后，所有的方法和技巧其实都不是关键，关键在于我们的内心，所有的管理一定是有一个基础，那就是爱。我们只有在爱的基础上学习原理并改变日常的管理动作，才能让员工深深地感觉到爱与被爱。人在爱的环境中才最容易被激活。

这里我还需要强调一下，我在书中介绍的这些原理、方法、机制、动作、思维方式等，所有我们希望的改革和改变的效果都不会是立竿见影的，都需要一个过程。这个过程尤其需要管理者团队要有坚定的信念，抱着使用、坚持、改良、创新、形成环境的心理准备，让这些效果潜移默化地、一点一滴地入心入髓。

人是能被环境激活的

到全国各地去讲课，只要时间允许，我一定要到地方的寺庙走一走，看一看，因此，全国的寺庙我几乎都快走遍了。其实并不是想去许愿拜佛，只是喜欢那一份清静。到寺院走一走，悠然感觉一份自在、舒心。驻足观察，我恍然察觉，寺庙就是最好的道场。

在寺庙中，不管是皈依的居士，还是普通游客，每个人的脚步都是慢慢的，说话都是轻轻的，心也是静静的。只要一进山门，每个人就多了一份庄严，多了一份肃静，说话也平和客气了许多。**同一个人，山门内外的感觉却如此不同，差在哪里？寺庙有佛，有参天古树，有香烟缭绕，有善男信女，有晨钟暮鼓，有木鱼声声，有诵经礼佛……这些是什么？对，这就是环境，这就是氛围，这就是道场。**

培训课程大家应该也参加过不少，有一些课程培训的目的是让学员刷卡采购。你会发现，原本没有什么购买欲望的学员，听到演讲老师神采激昂的演讲，看到无数上台刷卡的学员，自己也开始坐不住了，这到底是什么原因？道场的作用。人只要一进入这个场，本能地按照场的规则，做出自己相应的行为。很多人曾经问我，到底什么叫道场？**道场很简单，就是一个整体、一个系统的意思。**

企业同样是一个道场，为什么？很多企业花重金挖来一些精英人士，但这些所谓的精英却待不长久，或根本就发挥不出精英原有的业绩。原因很简单，只是环境变了，道场变了。

现在，我们应该明白了道场和环境对企业的重要性。管理者和领导者必须学习营造企业的管理道场，而这些管理道场，一定是要在爱的基础上营造和传递的。道场需要一系列的软环境来营造。

以上所介绍的管理激励机制原理和方法，是在很多企业中尝试过的、最有效的营造管理道场的管理动作。而且很多企业已经开始实施并不断改良，变成了适合自己企业发展和符合行业特色的管理手段，但基于爱、基于人性需求、基于提高员工的执行意愿的动机不能变。我也希望企业领导者，在看到这本书的时候，能加以反思，加以利用，加以改良，推陈出新。

永远都不要只讲"大道理"

《大话西游》中，师徒四人一起去西天取经，在取经路上，最让孙悟空头疼的人莫过于师父唐僧了。每遇到一些大事小事，看到徒弟不精进，师父一定要教化一番，那些喋喋不休的大道理，孙悟空是根本听不进去的，当然，这是导演对原著的演绎，但原著也阐述了孙悟空和唐僧之间的矛盾。

对于员工，领导者有时候也一样在扮演着唐僧的角色，但这种讲理的说教方式并不是最好的方式。

员工不懂理吗？他们受教育的程度已经高于上几代人，道理，从小到大他们已经听了很多很多了。可能他们讲起道理来比领导者本人还要头头是道。这个问题在"90后"员工身上更加明显，领导讲大道理的时候，员工的脑子是封闭的，内心是拒绝的，根本就听不进去。

我很想了解"90后"员工的个性，因此多次与他们聊天，他们告诉我，他们最讨厌的人就是专家。这的确颠覆了我们这些"70后"的认知。我想，可能公司的领导和管理者连专家都算不上，那员工不是更不愿意听他们讲大道理了吗？其实问题很简单，我们不妨跳出来思考一下。

　　佛教从产生到现在几千年了，一直教化善男信女要有善念、有正知、有正觉，但我们很少看到老和尚会给这些善男信女讲大道理，不会说你要怎么做，你应该怎么做就能成佛了。我也曾经参加过一些寺庙组织的交流会，我发现，他们的教化方式很特别，他们会讲故事、谈案例、说情节，在这些案例和故事中，让善男信女分享一下自己听到了什么，感悟了什么。而且我们经常会从寺庙带回来一些书籍，这些书基本都是一些善男信女为了传播佛教思想，"积功德"而自费印刷的，里面的一些小故事对人会有一些启示。比如，人在生活中如何善因结善果；有人经常做坏事，最后因果报应等。这些是什么？这些就是佛教的案例管理法、故事感化法。通过案例潜移默化的教化，人会越来越相信，越来越虔诚，越来越认为只有行善，才能远离恶果。这些被感化的人中，不乏知识分子、企业家、政府官员、唯物论者。所以，案例和故事会的作用非常大。

　　为什么案例和故事比讲道理有用呢？原因很简单，当我们讲各种道理的时候，人会在心底产生排斥反应，人会自动形成封闭与拒绝的想法。说得越多，越容易让人听不进去。但当我们将一个个鲜活的案例与别人分享的时候，而且有可能很多案例就发生在我们身边，我们就会感同身受，人的思想就打开了。虽然，案例说的是别人，但由于故事真实，听众联想的是自己，久而久之，感化的作用就自然而然地产生了。

我们需要向这样的感化方式学习，学会在企业中找案例，活用案例教化法。

其实，案例的使用随处可见。烈火焚身毫不动摇的邱少云，舍生取义炸碉堡的董存瑞，堵枪眼的黄继光，为人民服务的雷锋……我们只要一看到这些人的名字，就能想到这些人的光荣事迹，我们就会鞭策自己在工作中、生活中以这些人的行为为标杆，并将他们的精神发扬光大。虽然我们没有见过这些英雄，只要看到他们的名字，就能联想到他们的光荣事迹。这就是案例的作用。这种通过故事和案例传播正能量的方法，到现在同样有用。

当今社会，不缺少物质的享受，却缺少对正面人物的塑造与弘扬。其实每个人心底都有善良的部分，只是如何激活的问题。

企业亦不乏英雄人物，只在于我们是不是能够慧眼识珠。"唐宋八大家"之首的韩愈在《马说》里说道："世有伯乐，然后有千里马。千里马常有，而伯乐不常有。"说的就是"伯乐"的重要性。

很多企业经常组织人力资源部、宣传部，耗费人力、物力和时间，每月为企业出一份印刷精美的会刊。其实会刊就是让员工看的，但真的到了员工手里，开始的时候，员工觉得挺新鲜，时间一长，难免流于形式，员工根本就不愿意看了。为什么？在会刊和企业宣传板报中，事件都太大，比如企业花了1亿元与某公司合作、政府为企业拨款6000万元投资搞科研、政府某领导到企业视察工作等。这些事情虽然很好，都是企业的大事件，却离基层员工太遥远。人就是这样，当一件事物离自己太遥远，就觉得和自己关系不大。

既然会刊的目的是让每位员工看，我们就需要思考，员工最关心的是什么事情。而员工最关心的就是每天发生在自己身边的事情，比如，所在班组的员工怎样提高了自己的专业技能、下一道工序车间的员工每天在干什么、哪位员工身上发生过很感人的事迹、哪位员工得到了嘉奖等。只有这些案例、这些故事，才会使基层员工最受触动。

而这些案例、这些故事又是如何提取，如何使用的呢？

其实很简单。比如，企业发现某种正面力量，一位员工在企业二十年如一日，从不迟到；一位员工利用自己的救护知识，将同车间突发心脏病的工友救活了；有人冒着大雨，专程回单位将备货车间的门堵严；平时爱搞小发明的小李，将车间的机床改造得让老师傅们更得心应手了；业务员小张业绩连续几年都是全公司最高的；小李是客户满意度最高而且出错率最低的员工等，这就是案例。有了案例，只需要让这些案例中的主人公将自己的事迹分享给大家，这就变成了故事。一次、两次，企业不断弘扬正能量，时间一长，每当员工们看到某人，就能想到这些人身上的闪光点和好人好事。

案例和故事还有更多的用途。

一起进厂的几位员工，对某项技术和技巧掌握的快慢不同。对于后掌握的员工，领导者或者部门经理基本需要一遍又一遍地教，其实这种方法，不但效率低，而且，还会让员工产生逆反心理。

我们完全可以改变以往的策略，让最先掌握技术的员工和技术比较稳定的员工，以自己迅速成功的方法为主题举办一两次分享会，这样不但对那些技术好的员工是一种鼓励，如果我们管理得再细致一些，加以汇总，就可以诞生一套工作手册。同时，其他员工也在分享会中得到迅速掌握的秘诀，成效立竿见影。

其他企业的经验和教训，我们也可以作为案例，在本企业分享，找到答案，找到思路。比如，某企业在某方面有突出贡献，或者在某一个环节特别出色，我们就可以拿来分享，在本企业中找到差距；某企业在某方面出现了重大失误，或是遇到了危机问题，可能我们的企业现在还没有碰到类似的危机事件，我们也可以拿到本企业来进行分享分析，并提前思考处理办法，或者想办法将类似危机事件发生的概率降到最低。

2008年汶川地震后，很多学校就在师生中开展了一项叫

"如果我们也遇到了地震该怎么办"的活动，我认为这项活动是非常有意义的。汶川地震中，很多人就是因为缺少灾难救助知识或自救常识而不幸丧生。灾后，一些学校举办的类似活动，把自己当成当事人，如果发生地震，学校、老师、学生应该如何应对。活动中会开展很多自救知识的培训、自救常识的普及，并通过一次次的训练，把灾难对孩子和老师的危害降到最小。

这些都是案例。

这种方式，让领导者将原来大家不愿意接受的说教方式变成案例教学，将一个个枯燥乏味的、宣扬传统道理的会议用一个个分享会、故事会、取经会、答疑会来代替。一定要注意，在会议中，领导者千万不要充当宣讲者，而要扮演主持人。主持人的工作性质是引导嘉宾和内容，在整个会议中"穿针引线"。因为员工们往往认为从领导嘴里说出来的答案带有职权色彩，但案例出在民间，故事来源于大家，每个案例和故事都发生在员工的身边。只有让主人公分享才会更贴近实际情况，只有主人公自己分享的经验才会让大家感同身受。我们的"主持人"，一定要在不同的分享会中汲取更典型的案例，这就是企业的一本白皮书，也可能是员工遇到实际问题的教学参考书。

盖洛普 Q12 测评法的启示

乔治·盖洛普是美国著名的数学家，他的成就并不仅仅来自于数学，更多的源自他在民意调查中的成功。盖洛普的名字，几乎成了民意调查和民意调查公司的代名词。

而这其中，被中国企业界最熟知的莫过于盖洛普 Q12 测评法。盖洛普 Q12 测评法是对普通员工的敬业度和工作环境满意度做的调查。盖洛普通过对全球来自 12 个不同行业的 10 余万员工进行调查，希望发现员工的留存率、工作效率和工作满意度等硬性指标上的规律。

前期调研发现，有 12 个问题是员工在企业中最为关心的，之后，盖洛普也就这 12 个问题，在这 10 万余名员工中进行调查，以希望让组织知道员工在企业中最关心什么，什么样的组织会给员工更多的满意度，员工"主人翁"的责任感和哪些数据有关系等。这 12 项调查内容如下：

1. 我知道对我的工作要求。

2. 我有做好我的工作所需要的材料和设备。

3. 在工作中，我每天都有机会做我最擅长做的事。

4. 在过去的六天里，我因工作出色而受到表扬。

5. 我觉得我的主管或同事关心我的个人情况。

6. 工作单位有人鼓励我的发展。

7. 在工作中，我觉得我的意见受到重视。

8. 公司的使命目标使我觉得我的工作重要。

9. 我的同事们致力于高质量的工作。

10. 我在工作单位有一个最要好的朋友。

11. 在过去的六个月内，工作单位有人和我谈及我的进步。

12. 过去一年里，我在工作中有机会学习和成长。

这 12 项指标是员工在企业中最关心的话题，企业和企业领导者都应该一一对应，仔细思考。

仔细分析这 12 个问题，其实，这里面蕴藏着一个最普通员工对企业的诉求。

1. 我知道对我的工作要求。

有些企业的员工上岗后，根本就不知道每天要做什么，基本都是等着上级给自己指令，每天都在做着一些可有可无的事情。新员工对新环境是生疏的，对新同事是不了解的，如果对自己的工作任务和方向也不清晰的话，可想而知，员工很难尽快地融入组织，让自己变得有价值。如果长时间没有方向感的话，新员工很容易离职。

一个称职的组织，应该在员工到企业任职开始，给员工提供一些工作的方向，告诉他们什么是企业的目标，什么是绝不能容忍的行为和底线。新员工上岗的时候，我们应该在时间允许的情况下相互介绍，让员工迅速消除陌生感。直接上级，还应该给予新员工工作要求和胜任上岗的最后期限。企业应该利用员工新来公司的这段时间，让新员工更多地了解公司的历史、使命、目标和文化。在有些企业中，新员工上岗缺少这一系列的重要环节，因此，很多员工会沿用之前所在企业中的坏毛病。员工需要企业给他们提出要求，提出标准，提出希望。

2. 我有做好我的工作所需要的材料和设备（工具和方法）。

每一家企业都会给员工设定目标，目标设定并不难，但关键是员工拿到目标之后，不知道如何去完成，特别是在前期，可能也找不到达成目标的路径和方法。这就需要领导者、管理者给予员工能达成目标的一些方法和工具。可以结合员工的职位和个性，传授一些方法和经验，并能制造出一种互相学习、互相借鉴的团队学习环境。比如，可以让团队中的一些老师傅或业绩好的同事分享自己成功的经验，还可以参加一些提升专业技能的学习班和沙龙，这些都是快速提升能力、掌握工具、达成目标的好方法，能够帮助他们尽早实现目标，完成预期。

3. 在工作中，我每天都有机会做我最擅长做的事。

只有在将自己的特长和优势发挥到极致的时候，员工才能表现得更优秀。传统的木桶原理说的是木桶装水的多少取决于最短的那一块木板。按照这个原理思考，我们就会将焦点定格到我们自己的不足，会想尽办法去弥补。但这样会耗费大量的时间去提高自己的短板。其实在企业中，新的木桶原理是需要将每个人的优势发挥到极致，当将自身的优势发挥到极致的时候，可能就会忽略自身的短板。对于企业领导者和管理者来说，更应该与员工一起分析，找到员工最适合做的工作和岗位，这需要从员工的个性、特长、爱好、特点出发，可以利用轮值的机会得以展示，并能将自己的优势展现并发挥出来。

4. 在过去的六天里，我因工作出色而受到表扬。

每个人都需要在社会群体中得到认可和肯定，这是社会群体对人的正面激励。我们前面说过，要学会发现员工的优异表现，并加以鼓励、表扬、认可，这也是员工的基本需求。当员工得到的表扬、鼓励、认可的时候，员工的正面行为被强化，一定会激发员工有更好的表现，以期待更多的表扬、认可和鼓励，这就是人性的特点。

我们已经介绍过赞美的力量，赞美和表扬一定要及时，我们甚至可以坚信，有时候员工一个良好行为的产生，其内在需求就是渴望被赞美、被肯定和被尊重。

5. 我觉得我的主管或同事关心我的个人情况。

我经常听到有些管理者会在别人面前表扬自己，说自己是一个说话直、做事干净利落、一丝不苟、雷厉风行、从来不说

废话的人。其实在我眼中，这并不算什么优点。相反，这可能
是一个领导者的缺点。为什么？我相信，每位员工都喜欢有血
有肉、有人情味的领导，他们更希望领导能够对原则一丝不苟，
但同时，也能够关注下属的个人生活。他们希望领导做事果断
迅速，但也是一个体贴员工的人。比如，一位员工家里有生病
的老人、刚刚生完孩子、自己带病上班、工作时脚扭伤了……
其实，每位员工都希望能得到领导和同事们的关心，听到一些
温暖的话，因为这些话说明除了聘用关系以外，领导和同事是
充满了人情味的，是关心爱护下属的。这也是一种没有成本的
积极情绪和激励作用。领导只有多关心员工的个人生活，才能
够更了解员工，员工才愿意为这个温暖和充满爱的集体付出。

6. 工作单位有人鼓励我的发展。

当局者迷，旁观者清。所以员工需要领导能经常给予个人
一些发展方向的建议。一般员工的晋升之路基本上有两条，一
条是管理，一条是业务或技术。这里面有一个误区，不是所有
的业务能手和技术标兵都可以成为合格的管理者。有的人由于
个人性格和经历的特点，成为管理者反而不快乐了。这就需要
企业领导者和管理者能够及时结合员工的特点，帮他梳理发展
方向和生涯规划，提升前进的动力。

7. 在工作中，我觉得我的意见受到重视。

在人性和道场的部分曾经说过，第一，开口说话就是快乐

的体验；第二，只有参与其中，才会感觉到公平。所以，只要场合允许，每个人都有发表意见的权利。员工在心里也会有一种感受：有人聆听就是对我的重视。

夫妻之间需要表达，需要聆听，企业也一样，我们应该多听听员工的呼声和诉求，这对员工在企业中更好地认知自己的地位和价值观很有作用。这些呼声和建议中不乏一些好点子、好建议。当员工在企业中有了价值感和存在感的时候，他会感觉企业和自己有关系，就愿意为企业多付出一点，多投入一点。

8. 公司的使命目标使我觉得我的工作重要。

领导者和管理者应该多拉近员工和企业目标之间的距离。很多企业目标很伟大，但员工认为这些目标和个人没什么关系，或者说，工作努力与不努力，对目标的达成与否影响不大。还有很多人认为自己的工作微不足道，对企业目标的实现起不到什么作用。

这就像心理学的责任分散原则一样。一个人做一件事和很多人做一件事相比，压力虽然分担了，责任也相应地分散了。这就需要领导者和管理者时常和员工一起分析每个人对于实现组织目标的重要性。只有将目标和每个部门的任务、每个人的行为联系在一起时，才能让每个人意识到自己在组织使命和目标中的重要作用。

管理大师杰克·韦尔奇经常对员工说："你的工作对企业非

常关键，它直接影响着下一道工序能否正常运行。"

9. 我的同事们致力于高质量的工作。

大多数人都是看别人怎么做，自己再跟随，企业中也同样如此。很多员工经常会先观察大部分员工是怎么处理事情、面对工作的，自己再效仿他们的方式。

人是从众的。看到别人都在为企业出谋划策，自己也绝不会袖手旁观；看到别人在为企业提高满意度、提高服务质量，自己也希望不拖团队的后腿。每个人都在思考并比较着别人的做法：他们是不是和我一样都在为客户提供高品质的工作？还是互相推诿，消极怠工呢？这就是群体的氛围。所以，氛围决定了员工选择按照什么样的方式对待工作的问题，人是关系和环境的产物。

10. 我在工作单位有一个最要好的朋友。

我们经常会发现，有的员工能在一家单位工作很长时间，并不是因为这家公司能给这个人高额的工资，原因可能很简单，就是这个人在企业中有着非常好的同事关系。同事关系融洽，其实也是员工留存率高的重要因素。

融洽的同事关系，加深了员工与企业的黏性。一些企业领导者可能会有这样的经历：一名员工离职了，这个人可能平时并不起眼，也没对企业业绩有过特别的贡献，但这个人离开之后，一些其他同事也慢慢离开了。原因很简单，因为老朋友离开，那份熟悉或那份默契就找不到了，工作得没意思，便也纷纷离开了。每个员工都希望在团队中有几个好朋友共同进步成长，所以，良好的同事关系对提升团队凝聚力和人员留存率起到了重要的作用。

11. 在过去的六个月内，工作单位有人和我谈及我的进步。

人是需要反思的，经历是需要回顾的。有时候回头望望，是为了更好地前进。很多企业领导者和管理者，为培养员工呕心沥血，花了不少时间和精力。当然，他们的最终目的肯定是希望员工能为企业做出最大的贡献。但有时候，由于发展前景的问题，这名员工能力刚刚有一些提高，往往也是员工离开这个企业的时候。当员工留也留不住的时候，企业领导者和管理者往往容易变脸。为什么？这其实是领导者的一种委屈。培养了这么长时间，刚刚成长，马上要为企业贡献出力了，员工就想拍屁股走人，领导者感觉自己这几年的付出和回报太不对等了。容易在最后的时候给员工脸色，表现出自己的不满。

员工离开是一件很正常的事情，只不过是早晚的问题。如果真的留不住了，一定要注重最后的印象。

我喜欢摄影，所以从员工来的第一天，到员工走的那天，我会为每位员工积攒大量的照片。如果有一天员工确定要离开公司了，我一定会开一个欢送会，并且精心制作一个"大电影"。这个大电影做起来很简单，就是将这名员工在公司的所有照片汇集到一起，制作成幻灯片，再配上一个比较感人的音乐。一个个值得回忆的场景，一张张值得纪念的照片，让这名员工回顾这几年的成长经历，这几年从无到有的变化，技能从不会到会的蜕变。这样，员工即使离开，也会对企业充满感谢和敬意。

领导者和管理者要明白一个道理，员工是有"反哺"功能的，即使到了竞争对手那里，也不会做出伤害老公司利益的事情。所以，我们一定要定期或不定期地帮员工回顾在企业中的成长经历。

12. 过去一年里，我在工作中有机会学习和成长。

每一位员工都希望明天的自己比今天的自己更优秀，他们希望自己在公司能够获得更多的提高和成长的机会。例如一些培训和学习的机会，员工是很喜欢的，我们应该积极地为他们提供这些机会。

成长是每个人共同的需求。员工成长了，也完全可以将自己的业务经验与其他同事进行分享，这本身也是一种正面的强化和激励。定期为员工提供培训和学习的机会是企业必不可少的。

学习是企业给员工最好的福利。我们经常能看到很多老板到各地去听讲座、充电，但自己的员工却从没有任何学习的机会。而定期举办学习会、交流会，可以让员工得到更多的成长机会。员工只有成长了，才会更努力地工作，才会为公司创造更大的价值。我们一定要让企业成为培养员工的大舞台。

一定不要忽略潜移默化的作用

以教育为例。老师让小朋友以自己的感受为题写作文。第一天，小朋友们通常写今天很快乐，作文结束了；第二天，老师的题目还是如此，孩子们还是写今天很快乐，结束之后老师说没关系；第三天，还是今天很快乐；第四天，老师就问小朋友，你为什么快乐呢？小朋友思考之后说，因为老师带我们出去玩了，我很快乐。之后老师还会问，玩了什么觉得快乐？和谁一起玩感到快乐？为什么玩这些就会快乐？还有什么能使你联想到快乐？还有一些老师会直接告诉小朋友开头结尾以及中心内容应该怎样写。如果可以选择，我相信更多的人会认同前者。通过时间的积累，孩子们学会了思考，自己寻找答案，最后必然会厚积薄发。这就是积累的作用，这就是时间的作用。

管理绝不是一件立竿见影的事情。作为管理者，总是希望一旦有棘手的事情发生都能被迅速解决；一项改革创新措施出台，企业能迅速发生变化，这是很难实现的。管理一定是一个系统工程，我们绝不能图一时之快。有些管理者试图用一个政策或自己的一个改变让企业起到翻天覆地的变化，这是天方夜谭。

但只要我们从"心"开始，自己先做改变，了解员工的心理诉求，通过改变管理思维、管理方法以及日常化管理动作，建立道场机制，企业向好的变化就会开始积淀。这时，千万不要半途而废，从量变到质变是需要一个过程的，而这个过程是潜移默化的。

很多领导者经常引入一些新思维和新方法，然而刚刚实行几天，就换另一套新措施和新策略，循环往复。这种方法和习惯是不可取的。只要是符合员工需求，是整体的解决方案，我们就要坚持。方法有问题可以改良，但绝不能半途而废。领导者想放弃的时候，很可能是朝着更好的方向发展的时候。而逼迫领导者转换新思路的原因，恰恰是阵痛的经历，其实，阵痛往往是在向更好的方向发展的信号。这说明道场管理开始起作用了。**坚持，时间会证明一切。**

本书的最后，我还想与大家一起分享我特别喜欢的《矛盾十诫》。

《矛盾十诫》

矛盾第一诫：人都是逻辑不通、不讲道理、只顾自己的。但不管怎样，还是要爱他们。

矛盾第二诫：别人说你是为自己打算。但不管怎样，还是要做好事。

矛盾第三诫：你成功之后，会获得假朋友和真敌人。但不管怎样，还是要成功。

矛盾第四诫：你今天所行的善事，明天就会被遗忘。但不管怎样，还是要行善。

矛盾第五诫：诚实与坦率待人，常使你受到伤害。但不管怎样，还是要诚实坦率。

矛盾第六诫：眼光远大的人，会被心胸狭隘的小人打击。但不管怎样，还是要眼光远大。

矛盾第七诫：人都会同情弱者，可是只追随赢家。但不管怎样，还是要为弱者奋斗。

矛盾第八诫：你多年建立起来的东西，极可能毁于一旦。但不管怎样，还是要建设。

矛盾第九诫：别人急需帮助，你帮了忙以后竟然被他们攻击。但不管怎样，还是要助人。

矛盾第十诫：你把最好的自己献给了世界，却大大受挫。但不管怎样，还是要献上最好的你。

世界上最伟大的力量莫过于爱的力量。爱是一切力量的基础。即使今天，我们一直在追求自由，向往明天，珍惜的是时间，在意的是金钱，但爱一直在我们的身边，从来没有走远。只要有爱，人与人之间的距离便会亲密无间；只要有爱，我们的信任就会无坚不摧；只要有爱，我们即使受伤也不会退缩；只要有爱，企业就会充满凝聚力。企业中的每一名员工都希望在自己最困难的时候，身边的同事不是只做旁观者，他人一个微不足道的帮助、一句暖人心脾的安慰远比金钱和数字更有力量。

　　用心去建立我们企业爱的道场吧。

鸣　谢

感谢杨帆老师一直以来对我本人莫大的帮助，无私而且亲切。这些帮助在本书的编纂中也同样具有宝贵的现实意义。